유치원의 힘

EBS CLASS e

유치원의 힘

처음 학교가
마지막 학교를 결정한다

김경란 지음

EBS BOOKS

| 차례 |

그리고 마르면
다시 그리는 물그림

"나는 자라서요, 선생님이랑 결혼할 거야."

색종이를 꼬깃꼬깃 접어서 만든 꽃, 삐뚤빼뚤한 글씨가 써진 카드. 그 예쁜 마음들은 그동안 내가 유치원에서 받은 선물이다. 그 아이들은 지금쯤 무엇을 하고 있을까? 그러나 아이들은 어린 시절을 함께 한 유치원 선생님을 기억하지 못한다. 초등학교에 가서 3~4년만 지나도 길에서 마주치면 "누구세요?"라고 묻는다.

유치원에서 이뤄지는 모든 교육과 보육은 보이지 않는 물그림 같다. 그리고 마르면 또 그리면서 아이들의 감성과 이성이 자라도록 365일, 그리고 또 365일, 아이 그리기를 했던 것 같다.

부모라면 아이가 누구보다 성공적인 삶을 살아가기를 바랄 것이다. 아니 성공은 아니더라도 최소한 자신의 삶을 살아가는 동안 건강하고 행복하게 살아가기를 바라는 마음이

8

클 것이다. 그런데 자녀가 성인이 되었을 때 삶을 결정하는 중요한 능력은 어린 시절에 만들어지기 시작한다. 다섯 살, 여섯 살, 일곱 살 아이를 키우는 부모는 '내가 지금 잘 키우고 있을까?'라고 늘 가슴에 물음표 하나 품고 있을 것이다.

한글을 빨리 뗄 수 있을까요? 새로 사귀는 친구들과도 잘 지낼 수 있을까요?

그 질문에 대한 대답은 항상 확실했다. "괜찮아요!" 그리고 부모님들의 수많은 물음표들은 사랑이 없으면 생기지 않는 것이기에 교사로서 사명감을 더욱 다졌다.

다만 예전에 왜 괜찮은지에 대한 이유를 길게 설명하지 못한 것이 늘 마음에 걸렸다.

유치원에 올 때는 어떤 상태로 오든 '정말 괜찮다!' 아이들은 유치원에서 선생님과 친구들과 있으면서 행복하게 하루 더 자란다. 그 하루가 모여 아이 인생의 밑그림이 그려질 것이다.

유치원에서 아이들이 어떻게 보내는지, 그곳에서 아이들이 어떻게 성장하는지는 아직도 명쾌하게 설명이 안 된다. 왜냐하면 아이들은 그것을 설명할 능력이 안 되고, 부모님들은 누군가를 통해서 간접적으로 듣기만 하기 때문이다. 그리고 그곳에서 일어나는 모든 일은 유치원이라는 맥락을 모르면 전혀 이해할 수 없다.

지금도 아이에 대해 염려를 하는 부모님들은 많은 물음표를 꺼내서 주신다. 그때 이렇게 되묻는다.

"유치원에 잘 다니고 있어요?"

"그럼요 유치원에 가는 것을 좋아하고요."

그러면 정말로 괜찮다!

나 역시 아이를 키우면서 늘 직장생활을 했기 때문에 가슴에 많은 물음표를 가진 엄마였다. 가끔 아이가 엄마를 기다리는 시간이 길어지면 미안한 마음에 묻곤 했다.

"유치원에 가서 친구들과 놀면 재미있니?"

"그럼! 나는 유치원 선생님도 좋고, 친구도 좋고, 놀 때는 제일 재미있고…… 그러니까 엄마도 유치원에 가서 일 많이 하고 와."

아이는 자신이 유치원에서 행복하기 때문에 엄마도 유치원에서 행복하라고 엄마가 유치원에 가는 걸 허락해줬다.

한 사람이 살아가는 동안 경험은 늘 삶에 영향을 미친다. 만 3~5세 유아는 성인의 힘이 워낙 강하고 크기 때문에 회

피하지 못하고 작은 몸으로 수용한다. 그런데 이때의 정서는 평생 동안 자리 잡는다. 그리하여 누구나 가지고 있는 어린 시절, 그 기억하지 못 하는 경험들이 평생의 삶에 물그림을 그린다. 그것은 습관으로 혹은 번지기 잘하는 안정감, 불안감 등의 정서로 남아 있다.

더욱이 단순한 지식과 정보가 아닌 복합적인 문제해결력과 적응 등의 기제는 더욱 긴 시간을 통해 형성되는 것들이다. 아이에게 다양한 경험을 통해 자신을 표현하고 타인을 수용하는 모습을 기대한다면 유치원에서 하루하루 경험을 마음껏 할 수 있도록 해야 한다. 그렇다면 아이들은 미래에도 타인에게 뺏기지 않는 자신만의 인생을 살 것이다.

요즘은 유치원과 비슷한 모습으로 포장된 '화려한' 교육기관이 많다. 그런데도 특별하지도 않아 보이는 유치원에 왜 보내야 할까? 유치원이 가진 평범함이야말로 다른 모든 것과 바꿀 수 없는 특별함이기 때문이다.

김경란

유치원에만 있다

아이의 다섯 살 인생,
여섯 살 인생에서 무엇이 가장 중요할까?
아이의 미래를 위해 몇 년 앞서 영어단어를
조금 더 많이 아는 것일까?
인성, 지성, 사회성을 위한 토양이
유치원에 다니는 3년 동안 만들어진다.
토양을 만드는 것과 영어 한 과목 잘하는 것을
과연 같은 선상에 놓고 비교할 수 있을까?

만 3~5세는
어린왕자의 시간을
보내는 나이

유치원이든 영어유치원이든 그곳의 주인공은 만 3~5세 아이들이다. 화분에 심어놓은 콩처럼 하루가 다르게 인지적으로 정서적으로 성장의 넝쿨손이 뻗어 올라가는 시기다. 하지만 발달에 관한 한 개인차이가 무척이나 커서 부모들이 혼란스러워하는 시기이기도 하다.

유치원의 문을 열고 들어오는 아이들의 첫 인상만 비교해보면, 같은 3세반이라 하더라도 혼자 화장실을 잘 다녀오는 아이도 있지만 그렇지 않은 아이도 있다. 문장으로 말을 하는 아이도 있지만 아직 "밥" "신발" 같이 단어로만 말을 이어가는 아이도 있다. 매사에 꼼꼼하고 철저한 엄마를 둔 덕분에 완벽하게 준비해서 등원하는 아이도 있지만 잠이 덜 깬 채 반쯤 눈을 감고 오는 아이도 있다. 배꼽인사를 깍듯이 하면서 들어오는 아이도 있지만 인형을 안고 쑥스러운 얼굴로 마지못해 엉거주춤 들어오는 아이도 있다. 선생님이 읽어준 『소피는 못 말려』를 보고 패션에 일찍 눈떠 '짝짝이 양말'을 신고 오는 아이, 후크선장을 무찌르기 위해 칼을 차고 오는 아이도 있다. 만 3세에서 5세까지 취학 전 아동을 대상으로 나이별로 반을 나눈다고 하지만 유치원은 다양함의 용광로다.

우리의 주인공들은 신체적으로는 비온 뒤 새싹의 모습이다. 젖살로 통통한 볼은 조금씩 사라지고 팔다리가 길어지고 몸이 날씬해지면서 하루가 다르게 키가 자란다. 공놀이나 자전거를 탈 때 쓰는 대근육과 젓가락질이나 종이접기를 할 때 쓰는 손가락의 미세근육도 쑥쑥 발달한다. 어느 날부터 그림 그리기나 글씨 쓰기, 단추 꿰기, 신발 신기도 충분히 할 수 있다.

만 4세쯤이면 젖니가 거의 다 나서 다양한 음식을 씹어 먹을 수 있다. 혼자서도 이를 닦고, 옷을 입고, 용변도 보고, 손도 씻을 수 있다. 호박과 시금치를 골라내고, 먹기 싫은 것은 "알레르기 있어요"라고 어른처럼 깜찍하게 말하는 아이도 있다.

인지적 발달은 신체적 발달보다 더욱 폭발적인 변화를 보인다. 만 3세가 되면 문장으로 말을 하기 시작하고, 5~6세쯤에는 간단한 문장을 만드는 것이 어렵지 않다. 말이 긴데다 많아져서 말대답도 잘하고 말싸움도 잘하는 미운 6살! 미운 6살이라면 인지능력이 뛰어난 아이로 성장하는 중이다. 글씨나 숫자를 쓸 줄 알 뿐 아니라 간단한 셈도 척척 한다. 무엇보다 호기심이 충만해 잠시도 가만히 있지 않는다.

이때는 또한 상상력도 풍부해진다. 여섯 살 때 코끼리를 삼킨 보아뱀을 그렸는데, 어른들이 모자를 그렸다고 말해, 그림을 포기했다는 어린왕자의 한 부분처럼, 상상력의 세계에 빠져드는 어린 작가들이 집집마다 있다. 이들은 놀이와 친구를 좋아한다. 친구가 동물이든 식물이든 가리지 않고 소통한다.

이 시기 인지능력 면에서의 가장 큰 변화를 들라면, 다른 사람의 관점을 이해하게 되는 것이다. 이러한 '타인의 발견'은 콜럼버스의 신대륙 발견 이상의 의미를 갖는다. 타인의 발견은 바로 사회화의 시작점이기 때문이다. 이제 세상은 나와 가족 중심에서 무한대로 넓어진다. 친구들과 놀면서 자신의 관점이 아닌 친구의 관점에서 이해하기 시작한다. 이것은 공감능력이 자라기 시작했다는 증거다. 꺾인 꽃을 보면 "꽃이 아프다"라고 하거나, 넘어져서 아픈 친구를 보면 자신이 아프기라도 한 듯 인상을 찡그리고 "호오" 입으로 바람을 모아 상처를 불어줄 줄도 알게 된다.

조금 더 발전해서 자신의 생각과 친구의 생각이 같지 않다는 것도 알아간다. 눈에 보이는 것뿐 아니라 눈에 보이지 않는 것에 대해서도 아는 능력이 생긴 것이다.

하지만 인지적으로는 미성숙해 있다. 아무리 또래보다 지식이 뛰어난 아이라고 하더라도 논리적이지 않다. 어른들이 보기에는 엉뚱해 보이기까지 한다. '내가 나쁜 생각을 했다.' '엄마가 아프다.' 이렇게 각기 다른 두 개의 상황을 연결해서 '내가 나쁜 생각을 해서 엄마가 아프다'라고 생각하는 식이다.

이런 아이들이 유치원에 간다. 아이들이 유치원 문을 열고 들어간 뒤의 모습은 사뭇 다르다. 시끌벅적하게 여기저기서 제가 하고 싶은 것을 하는 아이들과 조용히 앉아서 선생님을 쳐다보는 아이들. 어느 쪽이 부모님이 보기에 더욱 이상적인 교실의 모습일까?

기둥에 묶인
아기 코끼리의 눈물

유치원은 언제나 시끌벅적하고 산만하다. 선생님께 배꼽인사를 하고 교실문을 열고 들어가면 친구와 인사하느라 웃음소리가 끊이지 않는다. 선생님이 이야기를 들려주는 시간에는 아무리 집중을 시켜도 집중력이 10초를 넘기지 않는다. 자신의 생각을 선생님이나 옆에 있는 친구들에게 종알종알 말로 건넨다. 반면 영어유치원에서는 아이들이 가만히 선생님을 응시한다. 몇몇이 장난을 치려고 시도하지만 영어로 말해야 하는 규칙 때문에 조용해진다.

학부모들이 가지고 있는 '영어유치원 이미지'는 유치원 과정을 공부하되 영어로 진행한다는 것이다. 선생님이 영어로 말하면 아이들도 영어로 대답할 것이라고 생각한다.

그러나 인간은 생각하는 만큼 말을 하는 존재다. 말과 생각 사이에 차이가 생기면 당연히 혼란이 일어난다. 여섯 살 영혼에 세 살의 언어능력을 가지고 있다면, 사고가 언어에 맞춰 하향평준화할 수밖에 없다. 다른 능력도 마찬가지다. 인간의 지적 능력은 각 영역이 협력을 하면서 종합적으로 성장하기 때문이다.

언어를 잘하기 위해서는 낯선 몇 개의 어휘를 더 아는 것이 아니라 언어를 구사할 수 있는 그릇, 그 자체를 크게 만들어놓는 게 더 필요하다. 언어는 뜻과 음성이 결합된 상징 체계다. "책이 지루해서 잠이 왔다"가 한국식이라면 "책이 나를 재웠다"가 영어식이다. 생각이 다른 것을 어린 아이가 어디까지 이해할 수 있을까?

의사소통이 원활하지 않은 상태에서 선생님이 영어로 수업을 하면 아이들은 가만히 침묵을 지키고 있을 수밖에 없다. 노래나 춤은 곧잘 따라하더라도 "선생님, 화장실에 가고 싶어요!"라는 말조차 영어로 못할 때, 아이는 침묵한 채 좌절부터 배우게 된다. "영어유치원에 보냈더니 산만한 아이가 얌전해졌다"는 것은 결코 좋은 일이 아니다. 그동안 무엇으로도 누르지 못했던 에너지가 영어에 의해 짓눌린 결과이기 때문이다. 영어로 말을 해야 한다는 부담감은 점점 아이들을 침묵으로 이끈다. 그것을 수줍어하고 의젓해하는 것으로 착각하면 곤란하다. 내성적인 아이, 완벽한 성향의 아이일수록 말을 못 하는 스트레스가 더 심하다. 감당할 수 없는 스트레스로 아이는 정서적으로도 균열이 간다.

이런 부정적인 문제들은 시간이 지나면 저절로 극복될까? 초등학교 저학년들 중에는 친구들과는 재잘재잘 이야기하면서 선생님이 질문하면 한 마디도 못 하는 학생이 있다. 말하기 수업이 스트레스여서 수업시간마다 얼굴이 귀까지 빨개지기도 한다. 이런 아이들은 머뭇거리느라 스스로 무엇을 할 줄 모른다. 마치 '기둥에 묶인 아기 코끼리' 같다.

자녀교육에는 '때가 있다'는 단순한 명제를 심리학자 마틴 셀리그만은 관찰과 실험을 통해 증명했다. 학습된 무기력이 그것이다. 이는 피할 수 없거나 극복할 수 없는 환경에 반복적으로 노출되면 실제로 자신의 능력으로 피하거나 극복할 수 있는데도 자포자기하는 것을 말한다.

셀리그만은 서커스단에 있는 코끼리의 예를 들었다. 데려온 아기 코끼리를 기둥에 묶어두면 코끼리는 다 성장한 이후에도 기둥을 뽑지 않은 채 여전히 서커스단의 작은 기둥에 묶여 있다. 아기 코끼리는 기둥에서 벗어나 멀리 가고 싶지만 기둥이 너무 단단하게 박혀 있어 도망가지 못했다. 아기 코끼리는 안간힘을 써봤지만 실패만 거듭했다. 기둥에 묶인 채 큰 코끼리로 성장한 아기 코끼리, 코끼리는 이제 어떻게 행동을 할까? 코끼리는 여전히 작은 기둥에 묶여 있다. 그동안 몸집이 커지고 힘도 수십 배나 강해졌지만 더 이상 기둥을 뽑으려 하지 않게 된 것이다. 충분히 뽑힐 작은 기둥인데도 코끼리는 그 사실을 모른다.

이렇게 어린 코끼리처럼 자신의 능력에 대해 자신감을 갖지 못한다면 새로운 학습을 통해 즐거움과 성취감을 경험할 리 없다.

영어를 언제 배워야 할까에 대해서는 의견이 분분하지만 아이가 영어란 기둥에 묶인 어린 코끼리가 되어간다면 '때'를 고민해봐야 한다. 지금이 과연 무엇을 하기에 적정한 때인가라고.

기둥에 묶인 아기 코끼리가 되기 전에 아이들은 사전에 신호를 보낸다. 부쩍 짜증을 부리거나 때리거나 무엇인가를 집어던지거나 소리를 마구 지른다. "나 갑갑해 죽겠어요. 왜 내 마음을 몰라줘요!"라는 사인이다.

아이들이 낯선 타인과 함께 있어야 할 때, 가장 큰 무기가 되는 것은 말이다. 소통이 안 된다면 친구들은 당연히 잘 놀지 않으려고 한다. 아이를 위해서라도 아이를 기둥에 묶은 낯선 말을 거두어들일 때다.

대한민국에
영어유치원은 없다

영어유치원에 대한 수요가 점점 커지다 보니 다양한 모습의 교육기관이 등장했다. 거듭되는 학부모의 개설 요구에 유치원 옆에 영어유치원을 개원한 경우, 초등학생·중학생 대상의 영어학원을 하면서 영어유치원을 같이하는 경우 등 다양하다.

그러나 이들은 유치원이 아닌 사설 영어학원으로 유치부 프로그램을 운영하고 있을 뿐이다. 이들은 법적으로 유치원이 아니라 어학원 허가를 받았다. 따라서 대한민국에 영어유치원이란 곳은 없다.

'유치원이란 유아의 교육을 위하여 이 법에 따라 설립, 운영되는 학교를 말한다.'

유아교육법 제2조 2항에 따르면 유치원이란 국립유치원,

공립유치원, 지방자치단체가 설립해 경영하는 도립·시립 유치원과 사립유치원만을 일컫는다.

이것은 유치원의 운영을 책임지는 곳은 최종적으로 국가 및 지방단체라는 말이다. 국가 및 지방단체는 교육 프로그램, 교직원 자격, 안전기준 같은 법적 기준을 만들고, 지키도록 강제한다. 유치원은 3년간 아동의 학비 및 시설에 대해 국가의 지원을 받는 대신 세밀한 부분까지 규정에 따라야 한다.

유치원 설립요건은 상당히 까다롭다. 원장은 12년 이상의 교육경력을 갖춰야 하고, 바깥놀이나 체육활동을 위해 반드시 마당이 있어야 하며, 문이나 문턱, 창문 등도 안전시설을 갖추어야 하는 등 수십 가지의 조건이 있다. 3년에 한 번 유아교육전문가와 현장전문가, 행정전문가로 구성된 평가단으로부터 정기 유치원 평가를 받아야 하며, 유치원 평가는 유치원 홈페이지를 통해 학부모들에게 공지된다. 영어학원 유치부 프로그램은 유치원처럼 정기 장학지도를 받지 않는다. 학원이기 때문이다.

더욱 중요한 차이는 교사의 역량이다. 유치원 1·2급 정교사 자격증 취득자만이 유치원 교사가 될 수 있다. 교사가 되려면 대학의 유아교육과에서 3~4년간 공부를 한 뒤 자격증을 취득해야 한다. 유아교육론, 영유아발달. 유아교육 현장에서의 인성교육, 아동미술, 언어지도, 아동동작, 아동음악, 유아사회정서지도, 아동수학지도, 아동안전관리, 유아교수방법론, 보육교사론, 교과교재연구 및 지도법, 아동과학지도, 아동문학교육, 동요반주, 국악, 유아교육사상 등에 대해 공부해야 한다. 언뜻 보면 일반적인 교육대학이나 사범대학에서 배우는 과목 앞에 '아동'이라는 말이 붙어 있는 것 같다. 모두 '아동'을 위해서 만들어진 과목이란 뜻이다. 미래의 교사들은 3~4년 내내 만들기, 그리기를 할 뿐 아니라 노래와 신체표현을 배우고, 동시를 낭송하고 동화책을 읽는다. 여기에 유치원에서 4주 이상의 교육실습을 반드시 이수해야 한다. 유치원에서 실습하는 기간 동안 오전부터 유아를 맞이하고 하원까지 지도한다. 하원 이후에는 교사의 수업준비 보조까지 맡으며 유아들의 하루 일과를 기록하는 등 유치원 선생님으로서 필요한 모든 요소를 준비한다.

영어학원 유치부 프로그램은 보통 원어민 선생님과 원어민 선생님을 보조하는 한국 선생님으로 구성된다. 외국인 선생님은 영어로만 말을 한다. 외국인 선생님은 한국어에 서툴거나 아예 못 하는 경우도 많다. 한국인 선생님은 학습 보조와 기본적인 돌봄, 부모와의 소통, 수업준비 등으로 매우 바쁘다. 그래서 조금 규모가 큰 곳에서는 버스 등·하원 지도를 하고 잡무를 처리하는 보조교사를 두기도 한다.

교육의 소비자인 학부모가 영어학원 유치부 프로그램을 선택하는 이유는 외국에 어학연수를 보내는 것과 비교해 가성비가 좋다는 것이다. 비싼 만큼 제값을 할 것이란 막연한 기대감도 있다.

비용 차이는 부대비용까지 합하면 굉장히 크다. 일반 유치원은 수업료와 교재비가 들어가지 않을 뿐 아니라 체험학습 비용도 부모 부담은 없다. 생일잔치를 할 때도 부대비용이 크게 들어가지 않는다. 부모가 원한다면 친구들이 나눠 먹을 수 있게 작은 떡을 해가는 것 정도다.

반면 영어학원 유치부 프로그램은 스쿨버스 비용을 비롯해서 예체능 과목을 추가할 때마다 비용이 추가된다. 학원에서 특강비를 받는 것처럼 특강 형식으로 추가되는 곳도 있다. 여기에다 체험학습, 생일잔치 등을 통해 목돈이 지출된다. 생일잔치를 할 때도 정한 업체와 해야 하는 부담이 있는 곳도 있다.

영어학원 유치부의 비용이 '비싸다'에 대해서는 모두들 인지하고 있다. 비용이 높은 이유는 익히 짐작할 만하다. 인건비 때문이다. 특히 외국인 선생님께 집을 제공하는 등 제반경비가 많이 들어간다. 스타벅스의 커피가 비싼 이유가 임대료 때문이듯, 영어학원 유치부 프로그램은 높은 임대료를 지불하는 번화가, 눈에 띄는 곳에 위치한다. 그리고 세련된 외관을 가진 만큼 멋진 로비를 만드는 데 들어가는 인테리어 비용도 무시할 수 없다. 학부모들은 이런 상황을 누구보다 잘 알기에 학비 비싼 것에 대해서는 불만을 제기하지 않는다. 다만 그 비싼 것이 수업의 질로 보상될 것이라고 생각할 뿐이다.

그러다 보니 학부모들은 유치원과 영어학원 유치부 프로그램을 비교하는 대신 영어학원끼리, 혹은 영어학원을 최대한 이용하는 방법을 생각한다. 맘카페 등에서 영어학원 유치부 프로그램 관련 조회수가 높은 글은 다음과 같다.

"5세라면 기저귀는 떼고 화장실 가는 연습을 시켜서 보내야 하고 6세라면 한글을 읽게 해서 영어단어를 받아들이는 능력을 키워주어야 영어를 듣고 한국어 단어의 뜻은 알 수 있어요. 7세로 한글 읽고 쓰기가 자유롭게 된다면, 영어 공부가 더욱 수월합니다. 단 한 가지 아쉬운 점은 어린 아이들에게 중요한 정서적인 보살핌과 따뜻함, 정규 교육은 없습니다. 그래서 부모님이 영어학원 선생님 대신 따뜻하게 더 많이 안아주고 사랑해주고 관심을 주어야 합니다. 원어민은 한국인의 정서와 다른 것이 많아서 아이들을 잘 챙기지 못합니다. 영어유치원은 아이들의 영어교육에만 초점을 맞춰서 진도를 나가기 때문에 다른 과목은 보충을 하셔야 합니다."

"비용 때문에 엄마표 영어를 준비하는 경우도 많습니다. 정확한 문장 구조를 알고 말하고 쓰도록 하기 위해 집에서 쓰기 연습책을 사서 풀게 하고 있어요. 놀이식 영유(영어유치원)를 다니다가 7세에는 학습식 영유로 이동을 하려면 공부를 준비해놓아야 합니다."

그 준비란 아이가 '적응'을 잘 하게끔 미리 선행을 해야 한다는 것이다. 이런 이유로 영어학원 유치부 프로그램을 선택하는 순간, 사교육의 다른 장이 활짝 열린다. 각종 학원이나 방문 프로그램을 이용해 영어를 익혀놓고, 음악수업과 미술수업에 대비해 예체능 학원에 보낸다. 영어에 익숙지 않은 아이가 수업시간에 모른다고 물어볼 수도 없고, 가르쳐 준다고 알아들을 수도 없기 때문이다. 눈치 빠른 부모들은 이런 부수적인 것이라도 잘해야 그것으로 생긴 자신감으로 컴컴한 영어의 숲을 헤쳐나갈 수 있다고 생각한다.

이쯤 되면 눈덩이처럼 커진 비용만이 문제가 아니다. 아이들은 언제 쉬며, 학부모들은 또 언제 휴식할까? 유치원 학부모들이 고등학생 학부모보다 더 시간이 없고 바빠야 할까? 무엇보다 영어는 있고 유치원은 없는 곳이 영어유치원이다. 유치원에서 배워야 하는 것은 어디서 배울까?

유아에 대한
이해가 없으면 어떤 과목도
가르치지 못한다

유치원과 영어학원 유치부 프로그램, 이 두 곳의 교육의
질을 비교할 수 있을까? "미술은 전공자가 해야 해!" "악기
는 당연히 아무나 못 하지!" "과학은 깊이 있는 자극을 주려
면 전문가가 필요해!" 영어학원 유치부 프로그램에서는 미
술이나 악기수업을 추가하면서 '전공자'임을 내세운다. 유
치원에는 이런 각 분야의 전공자가 없다.

그러나 사실 아이들에게 필요한 사람은 아이들의 눈높이
로 바꿔서 수업해주는 유아교육 전공자이다. 과학 과목 같
은 경우에는, 깊이 있는 설명이 아니라 이야기로 재미있게
말해 호기심을 자극해주는 사람이 필요하다. 박사과정에
있는 연구원들에게 유치원 수업을 하라고 하면 대응되는

아이들의 언어를 몰라 쩔쩔맬 것이다. 아이들을 집중하게 하고, 호기심을 느끼게끔 하는 소통 능력은 많이 아는 것과는 전혀 별개의 것이다.

이에 반해 유치원 선생님들은 과학을 말하면서 언어교육, 정서교육, 말을 듣는 예절교육까지 종합적으로 하고 있다. 수학과목은 피자를 자르면서 분수 개념을, 짝찾기를 하면서 분류를, 블록을 통해 도형을 가르치고 있다. 숫자를 계산하는 것보다 이런 수학적 직관력을 높이는 것이 유치원 단계에서는 더 필요하다.

미술 과목을 할 때는 마술을 부리는 것 같다. 테이블 위에는 색연필, 크레파스, 수수깡, 풀, 색종이, 가위 등 준비물도 많다. 10초를 가만히 못 있는 아이들과 함께 무엇인가를 뚝딱 만들어낸다. 미대 학생들 중 아동미술을 수강하는 경우가 가끔 있는데, 3시간씩 15주를 배워서는 유치원 아이들과 수업을 진행하지 못한다. 아이들과 어떤 말을 주고받아야 하는지 등 미술은 아는데 유아에 대해서 알지 못하기 때문이다.

모든 과목은 유아에 대한 전반적인 이해가 없으면 가르

치는 것이 불가능하다. 많은 사람들이 유아교육의 수학은 수학의 하위갈래쯤으로 여기고 있다. 미술과 과학, 언어 영역 또한 마찬가지다. 유아교육은 그 특수성으로 인해서 다른 모든 교육과 다르다. 이는 유아에게도 교육이 필요하다는 인식에 따라서 수백년이 넘는 시간 동안 연구자들에 의해서 다듬어지면서 완성된 분야가 바로 '유아교육'이기 때문이다. 따라서 영어, 수학 전공자들이 유아에게 전문 교육을 한다는 것은 잘못된 발상이다. 유아교육 전공자들에 의해서 유아교육이 실행되는 것이 너무나 당연한 일이다.

무엇보다 유아교육에는 그 모든 교육에 없는 것이 있다. 바로 정서에 대한 이해다.

"영유는 영어학습을 위한 곳이기 때문에 학습이냐, 정서냐에 초점을 맞춰 부모가 확인하고 선택해야 합니다. 학습에 만족할 수도 있지만 정서에 초점을 맞추고 영유를 선택한다면 실망해서 중도하차하는 경우가 있다고 합니다."

부모들은 직관적으로 아이들에게 더 필요한 것은 '정서'

라는 것을 안다. 그런데 그 정서란 결코 수업을 통해 가르쳐주는 것이 아니다. 정서는 아이들을 진정으로 사랑하는 선생님과 함께 웃고 느끼는 과정에서 싹이 튼다. 너무 작아서 보이지 않고 너무 오묘해서 표현할 수 없는 마음이다.

느낌으로만 존재하는 완충지대

"유치원에서는 무엇을 배우나요?"

정말 대답하기 어려운 질문이다. 유치원은 커리큘럼만으로 가르치지 않는다. 오히려 커리큘럼을 수행하는 과정에서 더욱 많은 것이 배워진다. 배우려고 의도하지 않지만 저절로 습득되는 것, 그것이 유치원에 있다. 눈에 보이지 않는 커리큘럼, 이것은 역설적으로 담임선생님을 통해서 유치원에서만 배우는 것이다. 사회성, 문제해결력, 도전정신, 창의성의 모든 싹들이 보살핌을 통해서 아이들의 마음속에서 익어간다. 이것은 유치원이라는 '상황'에서만 느껴지는 것들이다. 비유하자면 사랑을 글로 배우지 않고 느끼게 하는 것이 유치원 교육이다. 사랑에 대해 언젠가는 글로 분석해야 하는 때도 오겠지만, 우선은 그 실체를 풍부하게 경험해야 한다. 무엇을 배우느냐보다 그것을 어떻게 배우느냐가 중요한 때가 있는 것이다.

이런 배움은 어른의 간섭 없는 아이만의 심리적, 물리적 공간에서만 가능하다. 아이가 가방을 메고 유치원 문을 들어서는 순간, 아이는 전혀 다른 세상으로 들어간다. "그것 하지 마!" "이거 해야 해!" "이거 꼭 먹어야 해!" "조용히 해!"라는 일방적으로 전달되는 말이 없는 공간이다.

보호자는 유치원에서 아이가 어떻게 보냈는지 알고 싶어한다. 그것은 관심이 아니라 자신이 보지 못한 것에 대해 확인하려는 마음이다. 아이들에게는 어른이 중요하다고 생각하는 것이 아닌, 자신이 중요하다고 생각하는 것을 말하고 행동할 기회가 주어져야 한다. 그 시작은 느끼는 것이다.

아이는 자기 자신의 팔다리를 움직이며 근육과 미세근육의 움직임을 느끼고, 좋은 기분을 느끼고, 배움을 느끼고, 자연을 느끼고, 음악을 느낀다. 운동능력을 기르고 정서를 함양하는 것도 느낌을 통해서다. 친구들과 신나게 놀면서 느낀 즐거움과 속상한 마음을 다른 친구가 받아들이는지 받아들이지 못 하는지에 대해서도 느껴간다.

아이가 다소 짓궂은 장난을 할 때, "그렇게 하면 친구들이 싫어해, 하지 마!"라고 부모들은 제재를 가한다.

그러나 아이들은 그 정도를 알지 못한다. 친구가 찡그리고, 화를 내는 것을 보고 스스로 깨닫는다. 자신의 행동이나 감정에 대해서 브레이크를 밟아야 하는 순간을, 아이들은 아이들 속에서 느껴나간다. 어떤 친구는 살짝 밀기만 해도 싫어하지만 어떤 친구는 실수로 조금 세게 밀어도 웃어준다. 아이들은 그런 경험을 통해 어떻게 친구를 대해야 하는지도 알게 된다. 이렇게 아이들은 수천수만 번의 시행착오를 통해 좋은 관계를 만들어가는 법을 배우게 된다. 만 3~5세의 유아에게는 시행착오를 거치면서 느끼는 시기, 느끼는 공간이 필요하다. 그러나 그 공간은 부모가 제공할 수 없다. 좋은 부모는 아이에게 완충지대를 주어 실수했을 때 스스로 실수를 극복할 기회를 주는 부모다.

그러나 많은 부모들은 아이들의 시행착오를 최대한 줄여주고 싶다는 착각을 한다. 친구를 만들어주고, 친구와 사귀는 법도 가르쳐주려고 한다. 그렇게 하면, 아이들은 자발적으로 어떤 것이든 하지 못 하는 아이가 된다. 자발성 없는 아이들은 10년, 20년 뒤에 어떤 모습이 될까?

"우리 아들은 신발끈을 못 묶습니다. 군화끈이 풀어졌는지 자주 확인해주세요."

군부대 카톡방에 오른 한 어머니의 카톡 내용이다.

왜 이런 일이 일어났을까? 아이가 자신의 힘으로 생각하고 활동할 수 있는 완충지대를 빼앗겼기 때문이다. 유치원에 오는 아이들 중에는 자신의 옷을 제대로 입지 못하고, 화장실이나 낯선 곳에 갈 때 혼자서 가지 못하고, 심지어 화장실에 갈 때조차 모르는 아이가 있다. 보호자가 옆에서 일거수일투족을 챙겨서 아이들이 해야 할 일을 빼앗았기 때문이다.

아이들은 자신의 나이 때에 배워야 하는 것이 있다. 특정 분야에 대한 집중적인 교육은 뒤에 해도 괜찮지만 유치원 시기를 놓치면 모든 것이 늦어진다. 아이에게 완충지대를 주면, 무엇이든 잘할 수 있는 가능성을 가진 아이가 된다.

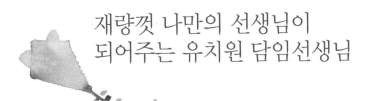

재량껏 나만의 선생님이
되어주는 유치원 담임선생님

아이들이 처음 엄마 손을 잡고 유치원에 갈 때는 잠시 실랑이가 벌어지기도 한다. 유치원이 싫어서라기보다 당장 엄마와 헤어지기 싫어서이다. 집과 다른 낯선 환경에 적응해야 하는 것은 아이들로서는 스트레스다. 그러나 대부분, 유치원 문을 열고 들어가는 순간 "영희야"라고 선생님이 이름을 불러주면, 언제 가기 싫다고 했냐는 듯이 환하게 웃으며 선생님께 달려간다. 담임선생님이 자신을 사랑한다는 것을 알기 때문이다.

유치원 교육의 시작은 담임선생님이다. 유치원 교사만이 가지고 있는 가장 큰 특징은 '아이들에 대한 무한 사랑'이다. 사랑받고 있다는 믿음이 없으면 아이들 마음의 문은 열리지 않는다. 아이들이 담임선생님을 무엇이든 다 잘하는 슈퍼스타로 여기고 있다면 선생님의 사랑을 듬뿍 받으면서 유치원 생활에 잘 적응하는 중이다.

"오늘 영희에게 좋은 일이 있었구나, 그게 뭘까?"라는 인사만으로 아이들은 소통할 준비가 된다.

이 시기에는 유아들에게 교사의 영향이 절대적이다. 남자아이들은 나중에 꼭 커서 선생님과 결혼하겠다고 말한다. 여자아이들은 다음에 유치원 선생님이 되겠다고 한다. 아이들은 자신들 세계의 중심에다 선생님을 세워놓는다.

유치원 교사들은 초등학교나 중학교, 고등학교와는 완전히 다른 자질을 가진 교사들이다. 교사들은 아이들의 집안 사정을 잘 알고, 아이들의 기질적 특징, 사소한 버릇까지도 세심하게 다 알아낸다. 선생님은 아이가 미처 표현하지 못한 내용을 아이에 대해 알고 있던 배경지식으로 이해한다. 선생님은 아이들 옆에 보다 가까이 다가가 일과를 함께 하면서 아이에 대한 배경지식을 쌓는다. 아이들과 소통할 때는 이야기하는 내용보다 어떤 상황에서 나온 말인지 맥락이 훨씬 더 중요하다. 소통은 이런 배경지식과 맥락을 갖추어야 원활해진다.

"선생님, 개 그림 그려주세요."

"한결이가 개를 그리기 어려웠구나."

평소라면 그러지 않겠지만 선생님은 털은 무슨 색인지, 털이 긴지 짧은지를 물어가며 한결이가 원하는 개 그림을 그려준다. 한결이의 엄마가 출장을 가서 평소와 달리 기가 죽어 있기 때문이다.

그다음에 또 그려 달라고 하면 이번에는 그려주는 대신 혼자 그릴 수 있게 해본다. 만약에 어떤 부분을 그리는 데 있어서 스트레스를 받는다면 그 부분만 도와주기도 한다. 그렇다고 한결이는 저번에는 그려주고, 이번에는 왜 안 그려주냐고 떼를 쓰지 않는다. 선생님은 한결이가 떼를 쓴다면, 또 떼를 쓸 만한 이유를 생각하고 대응한다.

유치원에서의 소통은 언제나 적용되는 '고객응대 매뉴얼' 같은 '일률적 표준'에 의해서가 아니다. 언제나 같지 않다. 그야말로 상황맥락이 다르기 때문이다. 선생님은 순간순간 그 아이에게 가장 필요한 것이 무엇인지 판단해서 그것을 해결해준다.

"왜 그때는 그려주었는데, 지금은 안 되죠?"라고 한결이는 묻지 않는다. 누구보다 한결이가 선생님의 마음을 잘 느끼기 때문이다. 학교든 학원이든 관공서든 분쟁을 없애기 위해서 자꾸만 '대응 매뉴얼'을 만들지만 유치원에서는 선생님이 그 상황을 재량껏 판단한다. 아이들도 존중하지만 선생님도 스승으로서 재량을 존중받는다. 그렇지 않으면 진정한 소통은 일어나지 않기 때문이다.

문제아로 바라보지 않는
열린 시선이
문제를 극복하게 한다

유치원이라는 환경은 아이가 가진 개별적이고 특수한 상황을 언제나 흔쾌히 받아들인다. 특별한 기질이나 행동 등 무엇이든 받아들인다. 발달과정상의 특정 기준을 잡아서 여기까지는 정상, 여기서부터는 비정상, 혹은 70점까지는 통과, 그 이하는 낙제라는 기준 자체가 없다. 거짓말을 조금 하더라도, 아이들을 때리더라도, 고집이 세더라도, 말이 조금 느리더라도, 떼를 잘 부리더라도, 글자를 못 읽더라도 전혀 문제가 되지 않는다. 선생님과 친구들이 함께 노력함으로써 눈에 띄었던 문제점을 자연스럽게 극복하게 만든다. '비정상 태그'를 붙이지 않으면, 설령 현재 조금 달라 보일지라도 시간이 지나면서 점차 그 다름이 중화된다. 틱

장애가 있다고 병원에서 진단하면 심리상담이나 놀이치료, 예술치료를 받으러 간다. 치료사와 일대일로 하는 놀이가 아이 입장에서 자연스럽고 재미있을까?

"말이 조금 늦습니다. 원인을 알아보기 위해서 소아신경정신과나 언어 전문가에게 상담을 받아보세요."

"말이 조금 늦은 듯하지만 제가 조금 더 관심을 가지겠습니다. 함께 노력해보지요."

이렇게 바라보는 관점이 다르면 해결책도 다르다. 관심을 가져준다면 자연스럽게 해결되는 것들이 문제화되는 순간, 아이와 부모 모두에게 진짜로 문제가 된다. 문제아를 가진 부모, 문제아가 되는 것이다. 슬픔에 가득 찬 어머니와 아이가 만드는 가라앉은 집안분위기는 아이와 어른 모두를 더욱 옭죈다.

이렇게 '비정상 태그'를 붙이기 시작하면, 바라보는 모든 것이 이분법적으로 분류된다. 상담을 받아야만 하는 아이, 상담이 필요없는 아이로 구분되는 것이다. 태그는 초등학교 중학교에 가면 더욱 완강하게 붙어진다. 적응을 하는 아이, 적응하는 데 어려움이 있는 아이로 분류되어, 어려움이 있는 아이는 위클래스 등 상담 전문가에게 보내진다.

"상담전문가가 없을 때는 적응 못 하는 아이가 없었는데, 요새는 상담선생님이 담임선생님 숫자만큼 필요해."

유치원에서 수십 년을 보낸 원장선생님들이 농담처럼 하는 말이지만 상당히 뼈가 있는 말이다. 그들은 아이들의 삶은 부분이 아닌 전체로 봐야만 이해할 수 있으며, 설령 조금 정상 범위에서 벗어나 보이더라도 정상으로 바라보고 대하자는 것이다. 유아의 경우에는 더욱 그러하다. 아이들의 거짓말은 어른의 거짓말과는 다르며, 아이들의 성추행은 어른들의 성추행과 다르며, 아이들의 폭력은 어른의 폭력과 완전히 다르다. 다만 외부에서 거짓말쟁이 등 문제아로 태그를 달고 바라볼 뿐이다.

엄마가 둘째를 낳은 뒤 갑자기 장난꾸러기 영준이가 비뚤어졌다. 선생님들은 평소보다 짓궂거나 다소 과격하게 행동해도 모른 척해주거나 덮어주었다. 야단을 치기 시작하면 하루에도 수십 번 야단을 맞아야 하기 때문이다. 선생님들은 그보다 그 영준이가 처한 심리에 주목했다.

"선생님께 꼭 1시 버스 타고 가야 한다고 말씀 드려."

그러나 영준이는 엄마가 한 말을 선생님께 하지 못했다. 그만 놀다가 까먹어 버린 것이다.

그런데 엄마한테 말을 하지 않았다고 하면 야단을 맞을 것 같아서 선생님께 말씀을 드렸다고 했다. 다음 날도 역시 같은 일이 일어났다. 엄마가 참지 못하고 유치원에 전화했을 때, 유치원 선생님은 단번에 사태를 파악했지만 영준이와 이야기를 한 뒤에 어머니께 전화를 드리겠다고 했다.

"영준이 요새 속 많이 상했구나. 그렇지?"

이 말 한마디에 울음이 터진 영준이가 울먹거리며 말했다. 엄마가 바빠져서 자신은 집에 없어도 찾지 않을 거 같고, 혼나면 더욱 없어져도 되는 아이 같아서 혼나기 싫었다는 것이다. 그동안 전과 달리 친구들과 자주 툭탁툭탁 싸운 이유 또한 스스로 품게 된 속상한 마음 때문이었다.

"영준이가 혼나고 싶지 않았구나. 선생님은 혼 안 내. 엄마도 혼내지 않으실 거야."

선생님은 영준이 어머니께 전화를 해 영준이가 자신의 자리가 없어진 데 대해 많은 슬픔을 느끼고 있다고 말했다.

"그런 것까지는 몰랐는데요…… 영준이를 더 따뜻하게

대해줘야겠어요.”

이런 쌍방향 소통은 책임소재를 따지거나 행동의 잘잘못을 따지지 않는다.

'아이들에게는 문제되는 행동이 없으며, 다만 문제되는 상황만 있다. 상황만 해결해주면 문제도 사라진다.'

이런 접근방법으로 아이를 바라보면 해결되지 않는 문제는 없다. 적어도 유치원에서는 그렇다.

세상에서
가장 작은
나만의 학교

가정은 아이에게 좋은 곳이지만
완벽한 곳은 아니다.
"죄송하지만 보호자는 돌아가 주세요"라고
문을 닫는 곳이 필요하다.
사회화를 위해서는 전문가에 의한,
객관적인 곳이 필요하다는 뜻이다.

자존감의 시작점,
"엄마 내가 말하니까
나 좀 보라고!"

유치원에 보낸 첫 주부터 아이가 변한다. 아는 척을 많이 할 뿐 아니라 세상에서 가장 중요한 사람인 척하는 것이다. 다들 좋은 의미에서 '공주님' '왕자님'이 된다. 자신만의 영역에 대해서 아동들이 존중받는 느낌을 가지는 것은 아주 중요하다. 그것이 자존감의 시작점이기 때문이다.

아이가 무엇인가 말을 하려고 하면, 선생님은 자신 앞에 달려와서 무릎을 낮춘 채 자신과 눈높이를 같이 한다. 그런 다음 무슨 말을 할지 기다리고 있다. "뭐야?" "얼른 말해!" "시간 없어" "그런 것 갖고 그래!" "칭얼대지 마. 네가 아이야?" 따위의 말은 절대로 하지 않는다. 말을 아주 천천히 하더라도 기다려주고, 어떤 말을 할지라도 들어준다. 울

때도, 진땀을 흘릴 때도, 불편할 때도, 졸릴 때도 물어봐준다. 아이는 자신만을 바라보는 선생님의 눈과 마주칠 때마다 으쓱한 기분이 든다. 자신의 마음을 쏙쏙 알아주는 특별한 보살핌을 받는다고 생각하기 때문이다.

"선생님, 아까 배가 많이 아팠는데, 지금 말하고 나니까 안 아파."

심지어 이렇게 선생님이 불편한 상황을 알아준다는 것만으로 그 불편한 상황이 해결되기도 한다. 아이들은 배탈이 나지 않더라도 긴장하거나 스트레스를 받으면 '배가 아프다'고 표현하곤 한다.

식사시간에 먹기 싫어하는 호박이 카레에 들어가서 혀로 살금살금 골라내고 있을 때도 선생님은 어떻게 알았는지 "채빈이는 호박을 싫어하는구나"라고 말한다. 절대로 선생님은 "이걸 먹어야 건강해지는데……" 따위의 어설프게 설득하는 말을 하지 않을 것이란 사실도 안다. 그래서 채빈이는 꿀떡 삼켜버린 것이다. 호박을 싫어한다는 자신의 취향을 존중해줄 것이라는 걸 알기 때문에 관대해진 것이다. '나는 호박을 뱉어내지 않을 수도 있고 녹색의 괴물 같은 호박을 삼켜줄 수도 있어'라고 용기를 낸 것이다.

어른이지만 평범하지 않은 어른인 선생님이 자신의 마음을 알아준다면, 자신이 세상에서 중요한 사람이라는 느낌이 든다. 선생님이 자신의 눈높이에서 말을 기다리는 그 몇 초 동안 주목을 받는다고 느낀다. 그 느낌이 쌓이고 쌓여 아이들의 자존감을 만들어간다.

유치원 교육의 목표 중 가장 중요한 것은 바로 '자존감, 자립감을 가진 아이로 자라게 하는 것'이다. 자존감은 아이의 모든 정서뿐 아니라 행동을 지배한다. 실패하더라도 좌절하지 않고 일어서는 힘, 남과 비교하지 않는 힘!

"넌, 그림을 아주 잘 그리는구나. 난 블록을 잘해."

이렇게 말하는 아이들은 그림을 못 그리더라도 미술시간에 즐겁게 참여한다. 못 하는 것에 대한 스트레스가 없기 때문이다.

자존감 높은 사람들은 자신에 대해서 잘 알며, 나아가 주변 사람들도 존중해준다.

"무엇을 마실래?"라고 물으면, 유치원 아이들은 절대로 "아무거나요"라고 대답하지 않는다. "시원한 물!" "물 가득요!"라고 확실히 원하는 것을 밝힌다.

　　아이가 유치원에 갔다 온 이후 첫 변화는, "엄마, 나빠" "엄마, 내가 말하니까 나 좀 보라고!"라는 반항(?)이다. 아이의 마음속에서는 자존감이 이미 싹트고 있기 때문이다.

상호작용을 통해서
만들어가는 규칙

　유치원 수업의 특성은 상호작용, 진형행이라는 말로 요약할 수 있다. 유치원 선생님은 진도에 따라서 가르치지 않고, 가르치려고도 하지 않는다. 대부분의 수업이 어제 하던 수업의 연장선상이다. 또한 선생님은 "얘들아 이것 하자!"라고 하지 않는다. 대신 아이들이 무엇을 하고 싶은지 관찰하고 놀이할 수 있도록 준비하면서, "얘들아 뭘 할까?"라고 묻는다. 아이들이 하고 싶은 것을 말하고, 아이들끼리 그에 대한 동의가 이루어지면, 그것을 함께 한다. 얼마나 할지, 어떤 규칙으로 할지도 아이들에게 정하게 한다. 질문과 대답을 하면서 동의가 이루어진다.

　"얘들아 얼마나 할까?" "몇 개나 갖고 할까?" "블록놀이를 할 때 어떻게 해야 할까?"라고 물으면, 아이들은 "던지지 말아야 해요!" "남이 한 것은 넘어뜨리지 않아야 해요!" "블록을 뺏지 말아야 해요!"라고 생각을 말한다. 선생님이 아이들이 한 말을 그대로 다시 한 번 말해주면, 그것이 규칙이 되어 블록 만들기 시간이 시작된다.

그리고 블록놀이 시간에 일어나는 다툼과 그것을 해결하는 과정은 판례가 된다. 다른 놀이를 할 때도 마찬가지의 '약속'이 만들어지고, 그에 따른 '판례'가 만들어진다. 아이들의 판단력은 이런 과정을 통해서 만들어진다.

블록놀이는 엉덩이가 무거운 아이들이 진득하게 앉아서 즐기는 놀이다. 긴 시간 동안 정성을 들여서 성을 만들거나 집짓기, 화원 만들기를 한다. 만드느라 에너지를 쏟다 보니 얼굴에 땀이 송골송골 맺히기도 한다. 자신이 만들어가는 것에 대한 자부심으로 입꼬리는 올라간다.

그런데 그때 한 친구가 정신없이 지나가다가 발로 툭 블록을 건드려 버렸다. 작품이 망가진 아이는 큰 소리로 울면서 부서진 블록 한 조각을 친구에게 던졌다. 블록 조각을 맞은 아이도 운다. 선생님은 몇 초간 지켜보며 판단한다. 둘이 곧 사과를 하고 화해를 하면 출동하지 않지만, 울음소리가 길어지면 현장으로 즉시 출동한다.

그리고 하루 수업을 마치면서 선생님은 반 친구들에게
묻는다.

"개나리반 친구들! 오늘 놀이하면서 속상하거나 친구를
속상하게 했던 친구가 있었니?"

한 아이가 손을 번쩍 들며 눈빛으로 '속상함'이라는 신호
를 보낸다.

"재호가 손을 들었네, 재호야 속상한 일이 있었니?"

"응."

"재호는 속상한 일이 있었대요. 얘들아 재호가 어떤 속상
한 일이 있었는지, 재호 이야기를 들어보자!"

"재호는 블록놀이를 하다가 속상했을 거예요."

"어, 민규는 재호가 블록놀이를 하다가 속상했을 거라고
말하네. 재호야 민규 말대로 블록놀이하다가 속상한 일이
있었니?"

친구들의 알은체에 힘을 얻은 재호는 상기된 표정으로
고개를 끄덕인다.

"아까 내가 동물원 만들고 우리도 만드는데, 민수가 발로

차고 지나가서 동물원 우리가 망가졌어요."

"오늘 그런 일이 있었구나. 그런데 민수야, 재호는 민수가 동물원 우리를 발로 차고 지나가서 동물원 우리가 망가졌대. 혹시 알고 있었니?"

"내가요, 모르고 그랬거든요! 나는 재호가 만든 동물원 우리를 못 보았거든요!"

"아, 재호야! 민수는 재호가 만든 동물원 우리를 못 보아서 그런 거래."

"미안해!"

민수가 사과를 하면 사건은 일단락된다.

"그럼 우리가 친구가 만든 동물원, 도로, 집 이런 것들을 발로 차고 지나가지 않으려면 어떻게 하면 좋을까?"

"내 생각에는요, 색깔을 다르게 해요."

"응, 어떻게 색깔을 다르게 하는 방법이 있지?"

"바닥이 다르게요!"

"아! 그럼 우리 교실 바닥이 나무색깔인데, 블록놀이하는 곳은 바닥 색깔을 다르게 해서 지나가면서 블록을 금방 볼 수 있도록 하자는 말이니?"

"예. 그러면 우리가 블록 가지고 가면서도 얼른 볼 수 있 잖아요."

"아! 정말 좋은 생각이네! 그럼 선생님이 곧 색깔테이프 로 만들어줄 수도 있고, 색깔판으로 바닥을 다르게 해줄 수 도 있으니까, 조금 기다려봐. 그리고 또 어떤 약속이 필요 할까?"

"우리가 블록을 던질 때도 있으니까…… 블록을 던지면 친구들이 아파해요."

"그래 블록을 던지지 말자. 그리고 또 어떤 약속이 있으 면 좋을까?"

"블록을 한 사람이 많이 가져가면 친구들이 못 만들어서 속상해해요."

"그럼 블록놀이 할 때 지켜야 할 것을 약속판에 하나씩 선생님이 써볼게. 친구들이 한번 다시 이야기해줄래."

이렇게 블록놀이 약속이 또 한번 완성된다. 그리고 아이 들은 약속을 기억하고 지키기 위해 노력한다.

블록놀이라고 하면 어른들은 공간지각능력을 키우는 놀 이라고 생각한다. 그러나 유치원에서는 블록놀이를 통해서 아이들이 그 이상을 경험한다. 서로 속상한 마음을 푸는 것을 배우며, 국회에서 법을 만드는 것처럼 약속 만들기를 통해 놀이하는 법을 스스로 정하는 경험을 하는 것이다. 이 과정에서 민주시민으로 성장하는 자질이 키워진다.

모자란 것을 극복하는
지혜 키우기

영어학원 유치부 프로그램은 원어민 선생님이 말할 때 영어에 집중해야 하기 때문에 유아의 수만큼 교구가 구비되어야 한다. 그러나 유치원은 그럴 필요가 없다. 15~20명의 유아가 각자 따로, 혹은 같은 놀이를 하고 싶은 친구들과 함께 모둠활동을 한다. 자유활동시간에 한쪽에서는 의사놀이, 다른 한쪽에서는 책읽기, 또 다른 한쪽에서는 블록놀이를 하는 식이다.

만약에 의사놀이를 할 때 모든 아이들이 힘 있는 의사, 자신을 혼내던 엄마가 되려고 해 환자나 아기를 맡을 사람이 필요하다면 "선생님이 아기 해"라고 할 수도 있고, 친구 먼저 하게 한 다음, 나중에 자신이 할 수도 있다. 블록의 개수가 모자라더라도 해결방법은 간단하다. 네모 블록이 부족하다면 세모 블록 두 개를 더해서 네모 블록으로 만들거나 놀이순서를 친구에게 먼저 양보해서 풀어간다. 좀더 멋진 블록작품을 만드는 게 목적이 아니라 함께 재미있게 노는 게 목적이기 때문이다. 그리고 친구와 함께 마을을 만든다면 우체국, 은행, 소방서, 아파트가 있는 큰 마을을 만들수도 있다. 어떻게 노느냐는 순전히 함께 놀이하는 유아들의 생각에 따라 달라진다.

그러나 모든 것을 갖춘 상황에서는 적은 용품을 돌려쓰는 지혜를 체득하지 못한다. 돌려쓰는 과정에서 친구를 위한 배려, 양보하는 마음, 문제해결 능력이 생긴다. 늘 양보하는 아이가 양보를 하는 것은 또 아니다. 늘 친구들의 마음이 어떨 것인지 생각해보는 경험을 통해 "야 너도 하고싶지? 그러면 이번에는 순서를 바꿔야 되잖아"라고 함께조율해서 다툼과 갈등을 풀어간다. 다만 어른들만 '혹시 우리 아이만 양보하지 않을까?'라고 걱정할 뿐이다.

"아니야 그런데 내가 먼저 했잖아!"

"아니야. 내가 먼저야."

놀이시간에 툭탁툭탁 다툼이 일어나는 이유는 대부분 놀

잇감을 서로 가지고 싶어해서다. 여러 가지 색깔의 블록이 있지만 유독 처음 아이가 선택한 블록을 모든 아이들이 가지고 싶어한다.

불편한 감정이 전달되면 교사는 그곳으로 출동한다. 천천히 아이들 곁으로 다가오는 동안 서로 마음을 가라앉히는 경우도 있지만 반대로 더욱 소리가 높아지기도 한다. 소리가 높아지는 경우는 대부분 자신이 당당하다고 굳게 믿는 경우다.

"재미있게 놀지 못 하는 것 같아서 선생님이 왔는데?"

선생님의 출현을 기다렸다는 듯이 아이들은 자신의 입장을 펼쳐놓는다.

"제가 먼저 왔는데요. 파란색 블록으로 길을 만들고 있었어요. 그런데 파란색 블록을 재민이가 가지고 가잖아요!"

"아니야! 너만 파란색을 다 가지고 있는 거잖아!"

"내가 먼저 파란색으로 길을 만드느라고 필요한 거야!"

"나도 옆에서 길을 만들 거라고! 길은 너만 만드냐, 뭐!"

선생님은 서로 할 말을 다 하게 한 다음 묻는다.

"아, 재민이랑 성호는 둘 다 파란색 블록으로 길을 만들어야하는데, 파란색 블록이 부족한 거야?"

"예!"

아이들은 서로 질세라 큰소리로 동시에 대답한다.

"우리 개나리반 교실에 있는 파란색 블록을 재민이랑 성호가 다 사용한 건데. 더 이상 우리 개나리반 교실에는 블록 없는데⋯⋯"

"또 찾아봐요!"

"아니야. 더 없어. 아까부터 내가 보았는데도 더 없단 말이야!"

"선생님 생각에도 블록장에 있는 블록 말고는 더 없는 것 같은데⋯⋯"

"그럼 도로를 파란색이랑 검은색 블록으로도 만들어도 되잖아!"

"싫어! 나는 도로는 다 파란색으로 만들려고 했는데⋯⋯ 야, 그럼 나는 파란색 색종이를 오려서 붙일 거야!"

"근데 나랑 너랑 도로를 같이 만들어서 합하면 더 긴 도로가 될 수도 있어."

"우리 긴 도로에는 신호등도 필요하잖아! 신호등이 있어야 길을 건널 수 있으니까!"

"그럼 나는 빨간색이랑 초록색 블록으로 신호등을 만들 거니까!"

"노란색도 필요해. 노란색 신호등이 켜졌을 때는 이제 신호등이 바뀔 거니까, 조심하세요 그렇게 알려주는 거잖아!"

"아, 그럼 재민이와 성호가 힘을 합해서 도로를 만들어 긴 도로가 만들어졌고, 신호등까지 빨강, 노랑, 초록색 불이 켜지면서 안전하게 건널 수도 있겠구나!"

선생님의 말이 끝나기도 전에 아이들은 한팀이 되어 다시 놀이에 열중한다.

늘 이런 식이다. 놀다 보면 모자라는 것, 맘에 들지 않는 일이 생길 수도 있다. 그러나 아이들은 스스로 어른의 개입 없이 해결해간다. 때로 떼를 쓰는 아이가 있다고 하더라도 쉽게 해결된다. 아이들은 스스로 만든 판례에 근거해 판단을 하기 때문이다. 모든 것을 일률적으로 평등하게 부족함 없이 나누면 이런 지혜를 발휘할 기회가 생기지 않을 것이다. 아이들에게 필요한 것은 갈등이 없는 상황이 아니다. 아이들에게는 갈등하고, 그 갈등을 평화롭게 해결할 수 있

64

는 기회가 필요한 것이다. 갈등하고 함께 서로의 생각을 이야기 나누는 동안 성숙한 태도가 만들어진다. 갈등은 이렇게 문제해결력을 키운다.

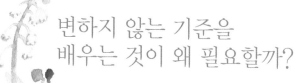

변하지 않는 기준을
배우는 것이 왜 필요할까?

　지금 길을 건너가야 할까, 말아야 할까? 전철이 바로 코앞에 오는데 도로에 차는 없고, 횡단보도의 불은 빨강이라면! 저쪽에 있는 신호등을 보니 몇 초 뒤에 바뀔 것 같은데, 몇 초 빨리 뛰어도 될까?

　할아버지가 횡단보도를 미처 못 건넜는데, 불은 초록에서 빨강으로 바뀌었다. 차는 할아버지를 피해서 달리겠지만 뛰어가서 도와야 할까, 하지 말아야 할까?

　인생은 판단의 연속이다. 이때 판단의 기준은 사람마다 다를 것이다.

　유치원에서는 '빨간불에서는 건너면 안 된다! 반드시 초록불이 켜졌을 때에 건너야 한다' '할아버지나 장애인 등 도움이 필요한 사람은 도와야 한다' 같은 기준을 가르친다.

'어떨 때는 건너도 되고, 어떨 때는 건너면 안 돼!' 같은 내용은 가르치지 않는다.

유치원 아이들은 '왜 이때는 되고, 저때는 안 될까?'를 받아들이지 못하기 때문이다. 이해능력은 아이가 속한 가족과 사회, 그리고 아이의 경험을 통해서 길러진다.

예를 들어서 어른들은 임꺽정과 홍길동을 의적이라고 부르지만 아이들은 도둑질을 했기 때문에 나쁜 사람이라고 생각한다. 나쁜 사람의 것을 훔치는 것이 경우에 따라서 나쁜 일만은 아니라는 것을 만 3~5세 때는 이해하지 못한다.

이 시기에는 가치관 형성의 씨앗이 뿌려지기 때문에 올바른 가치관을 심어주는 교육이 필요하다. 홍길동이나 임꺽정 이야기는 이 시기의 아이들에게 오히려 혼란을 줄 수 있다. 시간이 좀 더 흐른 뒤에, 인생의 다양한 모습을 경험한 뒤에야 이들을 이해할 수 있을 것이다. 이 시기에는 명쾌하게 해야 하는 것, 반대로 하지 않아야 하는 것을 구분해서 가르쳐야 한다. 그것을 바탕으로 아이들은 자신이 해야 하는 일과 하지 않아야 하는 일을 판단하기 때문이다.

이런 가치판단을 바탕으로 아이들의 가슴속에는 정의감

이 불쑥불쑥 자란다. 초자아가 자라기 시작하는 시기로 양심, 잘못, 정의 같은 개념들이 막연하게나마 생긴다. 만약 제때에 이런 가치기준을 습득하지 못한다면 더불어 살아갈 수 없는 어른이 될 수도 있다. 자신만 생각하는 사람, 자신의 행동조차 그때그때 다른 사람이 된다.

"너도 때리고 와야지!" "다음부터는 먼저 때려."

아이가 맞고 왔을 때, 부모가 속상한 나머지 이렇게 말을 했다면 아이들은 그 말을 그냥 넘기지 않는다. 부모의 말이므로 그대로 실행한다. 만약에 '친구를 때려서는 안 된다'라고 지속적으로 유치원에서 배운 아이라면 심각한 정신적 갈등을 겪게 된다. 그동안 자신이 세워놓은 원칙에서 벗어나는 것이기 때문이다.

'선생님은 친구를 때리면 안 된다고 했어. 친구가 때렸지만 나는 때리면 안될 것 같아. 때리는 건 나쁜 행동이니까.'

'선생님은 친구를 때리면 안 된다고 했어. 하지만 엄마는 친구가 때리면 때리라고 했어. 어떡하지?'

때로는 '내 자식 맞는 꼴 못 본다'며 권투를 연습시키는 부모도 있다. 당연히 그 아이의 머릿속에는 '친구가 나를 때

68

리면 나는 더 세게 때린다'는 공식이 만들어진다.

유치원 아이들의 행동을 판단할 때 '솔로몬의 판결'이 필요한 경우가 많다. 만약 친구가 맞는 것을 보고 슈퍼맨이 되어 때려주어서, 처음에 친구를 때린 아이를 울렸다면 어떻게 할까? '처음에 친구를 때린 아이도 잘못이지만, 때린 아이를 혼내준 슈퍼맨 친구도 잘못이다'라고 판단하면, 아이들은 상처를 받는다. 무엇보다 아이들은 그 판단에 동의하지 않는다.

유치원 선생님은 어떻게 할까? "앙" 하고 우는 아이가 있으면 먼저 달려간다. 그리고 우는 아이의 말을 들어준다.

"진우야 왜 우는데? 어디가 아픈 거야?"라고 물으면, 아이는 울면서 손가락으로 친구를 가리킨다. 이때 진우를 때린 아이는 주변에 있기 마련이다. 선생님은 진우가 손가락으로 가리키는 아이의 이름을 부른다.

"재원아! 진우가 재원이랑 이야기 하고 싶은가 봐. 이리 와볼래?"

재원이는 주저하면서 다가온다.

"진우가 내가 먼저 가지고 노는 자동차를 뺏으니까 내가 뺏기지 않으려고 민 거예요."

재원이는 할 말이 많다. 그 순간 억울한 듯 큰 소리로 울던 진우의 울음소리가 잦아든다. 먼저 놀잇감을 빼앗아서 맞은 것이니까, 자신이 당당한 것만은 아니라는 것을 깨달았기 때문이다.

그런데 진우를 때린 재원이에게 선생님은 계속 말한다.

"재원아! 진우가 놀잇감을 빼앗아서 속상했구나! 그렇지만 진우가 재원이 놀잇감을 빼앗으면 어떻게 해야 할까?"

순간 재원이는 지난번 선생님과 함께 이야기했던 경험이 생각났다. "이거는 내 거야. 그러니까 너도 놀고 싶으면 조금 기다려! 내가 놀고 양보할게"라고.

재원이는 진우에게 손을 내밀면서 "미안해"라고 말한다. 진우도 역시 알아차린다.

"괜찮아! 내가 먼저 네가 놀던 놀잇감 빼앗아서 미안해!"

진우와 재원이는 서로 안아주면서 "우리 사이좋게 놀자!"라고 말하고 언제 싸웠냐는 듯이 다시 놀기 시작한다.

유치원에서는 내가 갖고 싶은 놀잇감을 갖지 못해서 놀잇감을 빼앗고, 내가 하고 싶은 것을 못해 속상해서 우는 상황이 있다. 하지만 함께 놀이하는 방법을 배워가면서 더 많은 평화가 찾아온다.

만 3~5세의 아이들에게는 가치가 충돌하지 않는 대응이 필요하다. 누군가는 원칙을 가르쳐주어야만 사회가 제대로 돌아갈 뿐 아니라 아이의 인생도 올바른 방향으로 가지 않겠는가.

공감에서 나오는 말,
"괜찮아" "그랬구나"의 힘

어떻게 대화하는가는 한 사람의 인격을 드러내기도 한다. 한 사람을 판단하는 데 중요한 지표가 되는 부분부터 사소한 습관까지 모두 드러낸다.

타인과 관계는 공감에서 시작한다. 이런 이유로 공감하며 말하기는 화법에서 아주 중요한 부분이다. 초등학교부터 중학교, 고등학교 전과정에 걸쳐서 국어시간에 배운다. 마음을 여는 것은 바로 이 공감이 이루어질 때부터다.

한 아이가 울고 있거나 뭔가 곤란한 표정을 짓고 있을 때 선생님이 달려가서 아이와 눈을 맞추는 순간, 아니면 아이의 더듬더듬 몇 단어 되지 않는 말을 듣고는 선생님이 "그랬구나"라고 말하는 순간 대부분 문제는 해결된다. 흥분한 아이는 평소보다 더욱 말을 못하지만, 그래도 "그랬구나"라는 한 마디에 세상을 다 얻은 듯한 표정이 된다. "그랬구나"
에는 아이의 마음을 열고 어루만지는 효과가 있다.

　유치원에서는 "잘했다"라는 말보다 "그랬구나" "괜찮아"
라는 말을 압도적으로 많이 쓴다. 한때 자존감을 높인다는
이유로 잘하지 못해도 "잘했다"라고 칭찬하는 것이 유행한
적 있었다. 잘했다는 말은 잘했을 경우에만 해야 한다. 잘
하지도 못했는데 잘했다고 하면, 진짜 잘했을 때 할 보상이
없어진다.

　그리고 "괜찮아!"라는 말은 관대함, 관심을 드러내는 말
이다. 실수를 할 때도, 친구에게 잘못해서 미안해할 때도,
속상할 때도 "괜찮아"라는 한마디만 들으면 누구나 입꼬리
가 올라간다.

　"그랬구나"와 "괜찮아"는 '너의 마음을 알고 있다'는 사인
이다. 아이들은 선생님이 하는 이 말을 따라한다. 그러면서
다른 사람의 마음을 알아가고, 그 과정을 통해서 대화의 기
본을 익혀가는 것이다. 친구들에게 "괜찮아"를 많이 하는
아이들은 친구들로부터 "괜찮아"라는 말을 많이 듣는다. 많
이 위로할수록 많은 관심과 위로를 받는다. 넘어져서 울고

있더라도 반 친구들이 달려와서 번갈아가며 14번쯤 "괜찮아?"라고 묻는다면 웃으면서 벌떡 일어날 수밖에 없다.

아이들 사회에서도 친구에게 인기가 많은 아이가 있다. 아이들은 잘 생기고 예쁘다는 이유로 더 좋아하지 않는다. 노래를 잘하거나 춤을 잘 춘다고 더 좋아하지 않는다. 먹을 것이나 선물을 가져와서 나눠준다고 인기가 있지 않다. 넘어진 친구에게 먼저 달려가서 "괜찮아?"라고 일으켜주는 아이들이 인기가 있다.

대화의 기술을 익히는 것은 성인이 되어서 배워도 상관없다. 대화를 잘 못 하는 사람도 요령쯤은 충분히 익힐 수 있다. 그러나 마음을 읽는 법을 배우는 시기를 놓치면 마음을 읽을 줄 모르게 된다. 훗날 노력한다고 해도 사람에게 애착과 관심이 없는 메마른 정서에서 벗어나지 못한다.

대화를 통한
통합적 교육

"선생님! 땅. 신발."

흙이라는 말을 모르는 아이들은 손가락으로 신발을 가리키며 말한다. 흙이 신발 안에 들어와서 발이 불편한 상황이라는 것을 표정으로, 몸짓으로 전달한다.

"아, 진수는 지금 발이 아파서 속상하구나. 흙이 신발에 왜 들어왔을까? 선생님이 신발에 들어온 흙을 털어줄게. 흙이 들어와서 발이 까끌까끌 불편했지?"

일부러 흙이라는 단어를 반복해 말함으로써 신발 안에서 발가락을 괴롭히는 게 땅이 아니라 흙이라는 것을 알게 한다. 진수는 까끌까끌이라는 말을 몰랐더라도 발바닥에 느껴지는 괴로운 감각이라는 것을 어렴풋이 깨닫는다. 선생님은 일부러 아이들의 말을 정확하게 문장으로 옮겨준다.

선생님이 하는 말을 들으며, 아이들은 어휘력뿐 아니라 문장을 구사하는 법을 익히게 된다.

초등학교에 올라가면서부터 아이들의 어휘력은 오히려 유치원보다 못한 경우가 생긴다. 입말은 욕설과 유행어 등으로 얼룩질 뿐 아니라 단순화된다. 그리고 이때부터는 이제 말을 책으로, 글로 배우게 된다. 말이 자연스럽게 삶에서 터져나오기 힘든 환경이 되는 것이다.

어떤 곳에서도 자연스럽게 구어체가 아닌 문어체 문장을 아름답게 구사하는 곳은 없다. 유치원 선생님들은 어린 학생들과의 만남을 위해 학교에서 아름다운 우리말과 문장을 구사하기 위해 노력했다.

"하늘이 참 청명하기도 하네, 바람이 살랑살랑 지나가네."

이런 말은 몇 개의 단어와 구문구조를 배운다고 해서 완성되지 않는다. 지속적으로 자극을 받으면서 말할 수 있는 기회가 생겨야만 완성된다. 선생님은 하루 종일 아이들을 따라다니며 아이들과 함께 종알종알 말을 하면서 말의 식탁을 차려준다.

"나는 아직 사탕을 먹지 않았어요"라는 문장을 통해 "아직 사탕을 먹었어요"가 틀리다는 것을 직관적으로 느끼게 한다. 종종 · 가끔 · 자주를 구분하고, 날리다와 휘날리다의 차이를 선생님의 말을 통해 깨닫는다. "아까는 바람이 약해서 깃발이 날렸는데 지금은 바람이 세어져서 깃발이 마구 휘날려요." 아이들은 날리는 깃발을 보면서 "마구마구 휘날려요"라고 말한다.

한국어로 말을 잘하는 것은 당연한 일이 아니다. 한국어로 말을 못 하는 아이들이 너무나 많은 게 현실이다. '영어를 잘해야지!'에서 '영어만 잘하면 되지!'로 변질된 결과다.

풍부하고 정확한 모국어 학습이 이루어지지 않으면 감정과 느낌을 표현하는 데 그만큼 미숙해진다. 우리말은 다른 나라 말에 비해 감각어가 많다. 이것은 정서표현이 많다는 것으로, 정서를 우리 사회가 예부터 중요하게 생각해왔다는 증거다. 미국식 사고와 말을 이해하는 바탕도 정서적 풍부함에서 출발해야 한다. 말그릇은 생각그릇이다. 생각그릇이 작다면 나중에 사려깊은 사람이 되지 못한다. 더불어 고급 외국어를 구사할 수도 없다.

쉬임을 통해 얻은
폭넓은 시각과 균형잡힌 태도

유치원의 일과는 늘 같다. 9시까지 등원하면 11시까지 보통 자유놀이를 한다. 그 사이에 간식을 한번 먹고, 다시 논다. 점심을 먹은 다음에 잠시 편안하게 쉬는 시간이 지나면 바깥놀이를 한다. 놀이를 통한 교육이 강조되면서 요즘은 영어학원 유치부 프로그램에서도 놀이 위주로 수업을 하는 곳이 있다. 그리고 놀이학교까지 생겼다. 교육청에서도 이에 발맞춰 '긴 시간 놀게 하라'는 지침을 각 유치원으로 하달했다. 두 시간 이상 놀게 하라는 것이다. 놀이하는 동안 각자 자율적으로 간식을 먹을 수 있도록 준비하지만 아이들은 노느라 간식 먹기를 잊는다. 물론 선생님은 간식을 먹은 아이, 먹지 않고 놀기만 하는 아이를 파악해 모든 아이들이 놀면서 간식도 꼭 챙겨 먹을 수 있게 한다.

78

자유놀이 시간의 유치원 풍경은 한쪽에서는 인형놀이를 하고, 다른 한쪽에서는 요리를 하고, 그 옆에서는 악보를 보면서 악기연주를 하고 있다. 방해받지 않는 조용한 곳에서는 책보기를 하고, 창가에서는 아이들이 싹이 난 씨앗을 관찰하고 있다.

아이들은 스스로 놀이를 정하고, 도구가 필요하면 도구를 챙겨오고, 다 놀고 나면 다시 정리해서 원래 자리에 갖다놓는다. 이것은 반드시 스스로 해야 한다.

아이들은 하던 놀이가 시시해지면 다른 쪽으로 가서 새로운 친구들과 다른 놀이를 한다. 놀이를 하고 있던 아이들은 새로 합류한 친구를 반갑게 받아들인다. 어떤 놀이를 하든 아이들은 혼자가 아니다.

소꿉놀이는 남자아이, 여자아이가 함께하는 경우가 많은데 대부분 여자아이가 엄마, 남자아이가 아빠 역할을 맡는다. 가끔은 남자아이가 소꿉놀이 영역에 없으면 다른 데서 놀고 있는 친구를 부르기도 하고, 여자 아이들끼리 "네가 남자고 아빠라고 해"라고 역할을 정하기도 한다. 소꿉놀이를 통해서 아이들은 성역할에 대해서 생각하게 된다.

재미있는 사실은 소꿉놀이 하는 것을 보면 아이의 부모 모습을 엿볼 수 있는데, 아이들이 가정 내에서 엄마 아빠가 하는 말이나 행동을 그대로 따라해서다. 나는 옆으로 걷지만 너는 바로 걸어라는 꽃게 엄마의 교육은 현실성 없는 셈이다. 유아들은 비판능력이 없다 보니 '엄마 아빠라면 당연히 그렇게 해야 한다'라고 생각한다.

그러나 유치원에서는 다양한 아이들이 짝을 지어 소꿉놀이를 하는 것을 통해서, 가정 내에서 본 고정된 성역할에서 벗어난다. 게다가 선생님은 앤서니 브라운의 『돼지책』 등을 읽어주면서 가정 내에서 엄마역할, 아빠역할이 어때야 하는지 알려주기도 한다. 차려준 밥만 먹고, 청소는 하지 않은 채 더럽히기만 하는 이기적인 '돼지'는 되지 말아야 한다고 말이다.

"네가 엄마니까 설거지를 해야 해."

"아니야, 우리집에서는 아빠도 해. 그러니까 네가 해!"

이렇게 실랑이를 벌이고 있으면, 가까이서 지켜보던 선생님이 "엄마가 피곤하면 어떻게 할까?" 같은 질문을 통해 "아빠가 설거지를 해요"라는 생각을 이끌어낸다. 아이는 이런 자극들을 통해서 성에 대한 고정관념에서 한 발짝 벗어나게 된다.

바깥놀이 시간에 아이들은 어떤 모습일까?

바깥놀이를 한다고 밖에 나가면, 여자 아이들은 삼삼오오 앉아서 이야기를 하고 있다. 굳이 놀이라고 할 수 없을지도 모르지만 이렇게 이야기 나누기는 서로를 알아가는 데 무척이나 중요하다. 게다가 남자 아이들이라고 바깥에서 뛰어노는 것만 좋아하란 법은 없다. 어휘력이 뛰어난 남자 아이들 중에는 또래 남자 아이와 이야기하는 것을 시시해하는 경우도 있다.

잡담이라고 폄훼하기 쉬운 이런 이야기 나누기를 통해서 발달이 조금 느린 아이와 어휘력이 좋은 아이들이 섞이고, 공룡에 관심이 많은 아이와 꽃에 관심이 많은 아이가 대화를 이어나가게 된다. 당연히 아이들은 친구와 대화하면서 관심의 폭을 넓히고, 어휘력과 문장구사력을 늘려간다.

물론 유치원이 조금 억울할 때도 있다. 은연중에 비속어나 금기어를 쓰는 아이가 섞여 있을 때다. "그런 나쁜 말 어디서 배웠어?"라고 하면, 얼떨결에 유치원 친구의 이름을 댄다. 그러나 유치원에서 나쁜 것도 배운다는 생각은 그야 말로 우려다. 쓰지 말아야 하는 말들 또한 아이들의 종알종알 대화 나누기를 통해서 걸러진다. "그런 말 쓰지 말라고 했잖아. 나쁜 말이야!"라고 자신의 생각을 분명히 말하는 친구가 있기 때문이다. 무엇보다 선생님에게 발견되지 않을 수가 없다. 그런 말을 쓰지 않아야 하는 이유에 대해서 선생님은 분명히 설명해준다.

섞임으로 인해 창의력이 눈부시게 발휘되는 순간도 있다. 바로 놀 때다. '무궁화 꽃이 피었습니다'나 '숨바꼭질'을 할 때 아이들은 술래건 술래가 아니건 순간적으로 수십 가지의 판단을 한다. 아이들만의 특성을 파악해서 어디로 숨는지 예측하고, 행동이 굼뜬 아이를 집중적으로 살펴보고, 등 뒤로는 느껴지는 아이들의 기척에 집중해서 어디로 숨는지 추리한다. 아이들은 놀이를 하면서 수십 가지의 전략을 머릿속으로 세운다.

유치원에서 다양한 성향의 아이들이 함께 섞이는 것은 그만큼 많은 자질들을 서로 교류하는 기회가 된다. 너무 많은 아이들이 한 교실에 있으면 유대감이 적고, 너무 적으면 교류가 적다. 유치원의 한 반은 15~20명 정도로 구성된다. 그 정도의 인원 규모는 만 3~5살 아이들이 감당하기에 알맞은 사회 크기다. 아이들은 이 속에서 다른 친구들과 놀려면 고집을 부리지 않아야 하고, 모든 아이들이 지켜야 하는 규칙을 지켜야 한다. 사회화는 이렇게 적절한 규모의 유치원 교실에서 섞이면서 일어나는 것이다.

학습의 기초공사는
집중력, 집중력 키우기

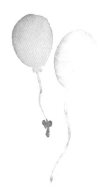

아이가 초등학교에 입학할 때가 되어가면, 부모들의 교육에 대한 긴장감이 커진다. 엉덩이를 붙이고 있지 않은 아이들을 보며 집중력을 키우는 법에 대해서 고민한다. 아이들이 스마트기기를 볼 때처럼만 집중해서 책을 본다면 하고 소망하기도 한다.

아이들이 텔레비전이나 스마트폰을 보면서 집중한 것처럼 보이지만 이때 아이들의 뇌파는 잠잘 때 나오는 뇌파와 비슷하다는 연구 결과가 있다. 몰입해 있는 것처럼 보이지만 실제 아이들의 뇌는 별로 활동하지 않았다는 이야기다.

그런데 과제에 대해 집중하는 능력은 아이가 학습은 물론 자신에게 주어진 상황을 잘 해결할 수 있는 가장 기본적인 능력이다. 집중을 잘 할 수 있다면 학교에서의 학습태도는 물론, 인생을 살아가면서 모든 일에 신중하게 잘 대처해 나갈 수 있다. 사회생활을 하는 데 가장 중요한 능력은 어쩌면 집중력이다.

아이의 집중력을 키워주기 위한 가장 효과적인 방법은 아이와 오붓한 시간을 가지는 것이다. 이는 부모와 자녀가 친밀해지는 방법이기도 하다. 제롬 케이건이라는 평범한 할아버지는 많은 자녀와 손자를 키우면서 아이에게 책을 읽어주고 아이가 보이는 반응에 성심껏 귀를 기울여주는 것이 학습에 가장 효과적이라는 것을 발견했다. 그리고 특히 개별적으로 아이에게 책을 읽어주는 것이 무엇보다도 중요하다고 터득했다.

유치원에서는 어머니, 아버지의 자리를 선생님이, 혹은 친구가 대신한다. 책을 펼친 채 글자를 아이들에게 보여주고 천천히 읽다 보면, 그때 집중하는 것으로 글자를 떼는 아이도 있다. 모르는 단어를 물어볼 때, 설명을 해주면 그 즉시 알아듣는다. 흔히들 아이들은 기억력이 좋다고 말한다. 언제 말했는지 모르지만 아이는 기억을 했다고 말한다. 바로 그 순간 아이가 그 누구보다 집중을 했다는 말이다.

유치원의 모든 교과는 디지털시대에 걸맞지 않은 것처럼 보인다. 컴퓨터 수업을 하는 것도 아니며, 빔프로젝트를 이용하지도 않는다. 가급적 블루라이트를 멀리 하고 책이나 교구를 이용한다. 책이나 교구를 바로 눈앞에 두게 하는 것 자체야말로 산만함을 방지하는 역할을 하기 때문이다.

집중력을 키우는 두번째 방법은 놀이를 통해서다. 선생님이나 친구들과 퀴즈를 풀거나 게임을 할 때, 혹은 역할놀이나 블록놀이를 하다 문제상황을 해결할 때 아이들의 집중력은 가히 폭발적으로 나타난다. 교사가 주도하고 따라가는 활동은 엄격하게 말해서 놀이가 아니다. 만 5세 유아를 대상으로 "지금 공부한 거야? 놀이한 거야?"라고 물었을 때, 동일한 활동인데도 아이들 스스로가 시작한 활동이었을 때에는 놀았다고 답했으며, 선생님이 주도해서 시작한 활동은 공부한 거라고 구분해서 대답했다. 아이들이 주도해서 활동했을 때 과정중심으로 몰입이 벌어진다.

아이들의 놀이가 가치 있는 이유는 이후 초등학교, 중학교 학습에서 가장 필요한 요소가 집중력이기 때문이다. 어떤 학습활동이나 업무 역시 집중을 필요로 한다. 학습은 엉덩이 힘이라고 이야기할 만큼, 자신의 의지로 집중하고 활동에 몰입할 때 가능하다. 그런데 집중과 몰입은 모두 지속된 습관이고 태도다. 이것 역시 오랫동안 경험한 이후에야 갖출 수 있는 능력인 것이다. 유치원에서 하는 활동은 모두 공부이자 놀이다. 모든 활동 자체가 집중력을 키우는 과정에 있는 것이다.

혁신학교는
유치원 시스템을 빌려간
초등학교

"학교에 적응을 못하면 어떡하죠?"

불행하게도 엄마의 걱정이 현실이 되는 경우가 있다. 그 학교가 초등학교라는 게 놀라울 따름이다. 더욱 놀라운 것은 불과 10년 전만 하더라도 이런 걱정을 보편적으로 하지 않았다는 점이다. 자연스레 가까운 어린이집, 유치원에 보내 학교에 가더라도 적응을 할 만한 힘을 키워놓았기 때문이다. 그러나 영어조기교육, 영재교육 등 특별함을 강조해서 키우다 보니, 어느 순간 아이와 부모 모두에게 보편적인 교육을 하는 초등학교가 충격적으로 다가오는 진짜 '충격적인' 일이 생겨버렸다. 영어면 영어, 수학이면 수학 등 영재교육을 받은 아이들은 초등학교 수업에 시큰둥한 태도를 보인다. 아는 내용을 듣고 있으려니 심심한 것이다. 게다가 마음에 안 들면 즉시 옮기는 등 교육기관 쇼핑을 경험한 아이들은 담임선생님이 학원선생님처럼 자신을 대하지 않는 것이 불만이 되어 "학교 끊으면 안 돼!"라고 조르기도 한다. 학원에서 만난 아이들과 오랜 시간 어울리거나 부모가 그룹을 지은 친구들과만 놀다 보니 낯선 아이들과 만나는 교실이 두렵기까지 하다.

이런 일들이 일어나는 이유는 성향이나 기질이 다른 아이들과 섞일 기회를 박탈당해 버렸기 때문이다. 가정이라는 울타리를 벗어나 처음 만나는 사회가 바로 어린이집이나 유치원이다. 유치원은 특히 아이의 자아가 발달할 때 만나는 공간이다. 가정은 아이에게 편안한 곳이지만 완벽한 곳은 아니다. 무엇보다 아이는 가정이란 울타리를 벗어나야만 새로운 세상을 볼 수 있다. 아이들의 첫 사회화는 유치원을 통해서 일어난다.

"죄송하지만 보호자는 돌아가 주세요"라고 부모의 간섭으로부터 문을 닫는 곳이 필요하다. 사회화를 위해서는 전문가에 의해, 객관적인 프로그램으로 교육하는 기관이 필요하다는 뜻이다.

유치원은 사회성을 길러줄 뿐 아니라 학교에 가기 위해 필요한 정량적인 부분을 교육하는 역할도 한다. 유치원은 한글 읽고 쓰기, 책에 대한 흥미, 수와 셈, 자연과 과학에 대한 지식 등을 갖추게 해준다. 또한 학교라는 사회에 적응하기 위해 필요한 규칙을 지키는 법, 배려하는 법, 친구 사귀는 법 등 사회화 교육도 함께 한다.

분명 한 분야에 뛰어난 천재들이 있다. 그러나 모든 아이를 모차르트처럼 특수교육을 해서 키울 수는 없다. 유치원은 만 3~5세 아이들의 특성을 고려해 인지, 언어, 행동, 수리, 예술, 양성평등 등 전 영역에 걸쳐 커리큘럼이 짜여 있다. 이 커리큘럼은 역사가 아주 오래되었다. 그리고 이것은 바로 초등학교 1학년에 입학하면 배우게 되는 '공부'의 영역이다. 굳이 사교육이나 학습지를 하지 않아도 유치원에서 하루를 잘 지냈다면 이렇게 일 년 동안 놀이에 몰입했다면 1학년 교과목은 유치원에서의 교육만으로 충분하다.

부모의 교육철학에 따라 숲학교, 놀이학교를 다니다 초등학교에 입학하는 아이들이 있다. 아이들 중에는 40분 수

업하고 10분 쉬는 학교 일과 시간에 적응을 못 하는 경우도
있다. 그뿐 아니라 학습 맛보기가 없는 아이들은 보다 섬세
한 보육과 개별적 교육이 필요한데, 한꺼번에 20~30명을
상대하는 초등학교 교사가 유치원처럼 맞춤형으로 한명 한
명을 보살피기는 불가능하다.

만 3~5세의 유아들에게는 가정과 초등학교라는 사회를
이어주는 다리가 필요하다. 학부모 중에는 초등학교가 변
해야 한다고 말하는 사람도 있을 것이다. 초등학교가 정량
적인 교육이 아니라 개별성을 강화한 교육을 하는 곳으로
거듭나야 한다는 것이다. 그 대안으로 소개되는 곳이 바로
혁신학교다. 몇몇 시골 혁신학교가 언론에 소개되자 폐교
위기에서 1년 새 100명이 넘는 아이들이 다니는 학교로 변
모하기도 했다.

언론을 접한 많은 학부모들이 선생님과 학생들이 교실
바닥에 둘러앉아 자유롭게 토론하면서 수업을 하고, 어떤
과제를 수행할지, 그 과제를 어떻게 진행할지 선생님과 이
야기하는 모습을 보고 놀라움을 느꼈다. 학생들 스스로 모
둠수업을 진행하는 등 주도적인 모습을 보였다. '학교=시키

는 것만 한다'는 선입견이 있는 학부모들은 이런 열린 교실에 열광했다.

혁신학교가 인기를 끄는 것은 첫째 획일적이지 않은 자율성, 둘째 정량평가가 아닌 정성평가 때문이다. 정성평가에서 시험은 중요하지 않다. 성취해나가는 과정이 제대로 이루어지고 있는지 없는지가 중요할 뿐이다. 많은 학부모들이 이런 대안학교를 미국식, 유럽식의 자유로운 학교라고 생각하는데, 그것은 틀린 생각이다.

아이의 특성 및 진도에 따라서 일대일 맞춤교육이 이루어지는 곳은 바로 우리나라의 유치원이다. 1등, 2등을 따지지 않고 어제보다 오늘 더 잘했으면 '잘했다'라고 평가를 받는 곳, 아이들은 하고 싶은 것을 스스로 정해서 하는 곳. 그러다 보니 학생 한명 한명의 개성이 눈에 들어오는 곳. 혁신학교 교실은 유치원 교실과 오버랩 된다. 선생님과 학생의 관계가 수직적이 아닌 수평적인 관계라는 것도 똑같다. 학부모들을 열광케 한 대안학교의 실체는 유치원 시스템을 받아들인 초등학교다. 굳이 이 두 곳의 다른 점을 들라면 아이들의 연령대이다.

이것을 보면 처음학교가 마지막 학교를 결정한다고 해도 틀린 말은 아니다. 유치원을 다닌 아이들은 특유의 활력으로 초등학교에 잘 적응을 하고, 중학교와 고등학교가 어떻든 그들만의 방식으로 적응을 해나간다. 그들에게는 유치원에서 길러진 자존감과 주체성이라는 힘이 있기 때문이다.

엄마는 모르는
유치원에서
생긴 일

모두 첫 출발선상에 있다.
실수를 하지 않으려고 하면
오히려 문제가 생긴다.
완벽하지 않기 때문에 실수를 하면서 성장한다.
엄마도 아이도 선생님도 모두 실수한다.

친구가 없던
'나밖에 몰라 나라' 왕자님

민우는 이른 아침에 졸린 눈을 비비며 제일 먼저 유치원에 오는 아이다. 민우의 손에는 항상 두 개의 빵 봉투가 들려 있다.

"민우야! 하나는 민우가 먹고 싶다고 했으니까 먹고, 또하나는 선생님도 드리고, 민우 빵 먹는 모습을 보면 친구들도 먹고 싶을 거야, 그러니까 친구들이랑 나누어 먹어야 해."

민우는 어머니의 말씀대로 손을 내미는 친구들에게 빵을 잘 나누어주었다. 친구들은 아침마다 민우가 주는 빵을 나누어서 맛있게 먹었다. 민우의 어머니는 세상을 살아가는데 꼭 필요한 '보이지 않는 친구의 마음을 볼 수 있는 능력'을 알려주신 것이다.

먹을 것을 잔뜩 싸오는 아이 중에는 세진이도 있었다. 세진이 어머니는 세진이가 친구들과 잘 어울리지 못해서 늘 걱정이었다.

세진이는 늘상 집에서 보던 책이나 먹고 싶은 과자를 가지고 왔지만 친구들과 나누는 것을 무척 싫어했다. 세진이는 또 친구들과 함께 놀이를 하거나 놀잇감 순서를 기다리는 것을 어려워했다.

봄 소풍 때의 모습은 세진이가 왜 친구들과 어울리지 못하는지 단적으로 알게 해주었다. 가정에 배부된 봄 소풍 안내문에는 준비물로 점심도시락, 물, 과자 한 봉지를 준비하도록 했다. 대부분의 아이들은 안내문대로 과자를 한 가지만 가지고 왔다. 반면 세진이의 커다란 간식봉투에는 다양한 과자와 사탕, 젤리를 넣은 작은 봉지가 여러 개 들어 있었다. 점심시간이 되자 아이들은 자신이 갖고 온 과자 봉지에서 두세 개만 꺼내 먹고는, 다른 과자가 먹고 싶어 친구들에게 다가갔다.

"내 과자 맛있어. 근데 내 거 한 개 줄게, 네 과자도 하나만 주라."

아이들은 너나 할 것 없이 친구들과 과자를 바꾸어 먹기 시작했다. 친구들이 과자를 세진이에게 내밀면서 "나도 한 개 줄게, 너도 한 개 줘"라고 말하자, 세진이는 큰 과자 봉지를 들여다보고는 "나도 그거 있어"라고 과자 바꾸어 먹기를 거절했다.

이번에는 다른 친구가 세진이가 예쁜 색깔의 젤리를 먹는 모습을 보면서 "내가 과자 줄게, 나도 빨간 젤리 한 개만 줘"라고 말하자, 세진이는 봉지를 들여다보면서 "안 돼! 이젠 한 개밖에 없어"라고 말하고는 친구에게 젤리를 뺏기게 될까 봐 얼른 등을 돌려 앉았다. 세진이는 어머니의 세심한 배려(?)로 여러 종류의 과자를 가지고 있던 덕분에 친구와 과자를 바꾸어 먹을 필요가 없었다. 게다가 한 종류의 과자가 한두 개밖에 없기 때문에 친구에게 나누어줄 과자도 없었던 것이다.

민우와 세진이 어머니는 진심으로 자녀를 사랑했다. 그런데 친구와 함께 나누어 먹고, 친구와 함께 즐거움을 누릴 수 있는 자녀로 성장시키기 위한 부모님의 양육방법에는 차이가 있었다.

아이가 친구와 잘 어울리지 못한다면 친구를 주변에 있

는 타인으로 여기고 있기 때문이다. 아이와 '다른 사람의 마음은 어떨까?'에 대해 많은 이야기를 나누어보는 게 필요하다. 아이들 중에는 보이지 않는 친구의 마음을 볼 줄 아는 의젓한 아이들도 있다. 이런 아이들이 중재자로 친구의 마음을 이해하는 데 도움을 줄 수도 있다.

세진이는 어떻게 되었을까? 마음을 바꾸는 것보다 환경을 바꾸면 마음도 따라 바뀐다. 선생님은 세진이의 상황을 어머니에게 말하고 당부를 했다.

"등원할 때 꼭 가지고 오고 싶은 과자가 있다면 친구들과 나누어 먹을 수 있을 만큼 가지고 오거나 과자를 아예 가지고 오지 못하게 해서 다른 아이들의 마음도 알게 해주는 것이 필요할 것 같습니다."

이 새로운 경험을 통해 세진이는 조금씩 친구의 마음 읽기를 해보게 되었다. 세진이는 곧 또래와 친해질 것이다.

"모두 네 탓이야!"
절대 미안해하지 않는
아이의 눈물

지은이와 재우가 함께 놀이하던 중 재우가 울기 시작했다. 지은이에게 재우가 왜 우는지 물어보자, 지은이는 재우가 먼저 자기 놀잇감을 가져가려고 해서 재우를 때렸다고 말했다. 그런데 재우는 지은이의 놀잇감을 가져가지 않았다고 말했다. 선생님은 상황상 누구의 말이 맞는지 판단이 서지 않았지만 재우는 놀잇감을 가져가지 않았다고 말했고, 지은이가 재우의 어깨를 세게 때린 것은 사실이었다.

선생님은 지은이에게 "맞은 재우는 기분이 어땠을까? 그러니까 지은이가 재우를 때린 것은 생각을 잘못한 거네?"라고 물었다. 재우가 지은이 놀잇감을 가져가려고 했다는 것은 지은이의 말일 뿐이므로 재우의 기분에 공감하도록 중재한 것이다.

그때부터 지은이는 큰 소리로 목놓아 울기 시작했다.

"지은아, 지은이도 재우가 놀잇감을 빼앗으려고 해서 속상했겠네. 그렇지만 누가 지은이의 놀잇감을 빼앗으려 하면 내거야라고 말하면 좋았을 텐데…… 그러면 재우도 지은이가 놀이하던 것인 줄 알고 가져가지 않았을 텐데. 지은이가 재우를 때리니까 재우가 많이 아프고 놀랐던 것 같아!"

그러나 지은이는 누워서 더 큰 소리로 울기 시작했다. 울면서 발로 바닥을 마구 구르기까지 했다.

이 사건이 일어나기 전까지 선생님은 지은이를 뛰어난 음감을 가진 아이로 알고 있었다. 놀잇감 정리하던 지은이가 "선생님 피아노 소리가 예뻐졌어요"라고 말해서 놀라움을 안겨주었기 때문이다. 지은이는 며칠 전에 들은 조율되지 않은 피아노 소리와 지금 듣는 피아노 소리의 미묘한 차이를 감지한 것이었다.

"지은아, 지은이도 재우가 놀잇감을 가져가려고 했다고 말하니까 그건 재우가 잘못한 거야. 그렇지만 재우가 잘못했을 때 지은이가 내 놀잇감인데 내가 먼저 놀이하고 기다리면 양보해줄게라고 말하기로 우리 개나리반에서는 약속했었지? 지은이가 재우의 등을 때리면 재우가 많이 아프지 않겠니? 재우가 얼마나 아팠을까? 선생님은 재우가 아파서 속상하고, 지은이가 많이 우니까 속상해."

그러나 그 어떤 말도 지은이에게는 통하지 않았다. 지은이는 놀이시간이 끝날 때까지 거의 한 시간을 울기만 하고, 놀이는 하지 않았다. 간식 시간에는 평소에 좋아하던 사과와 꿀떡도 먹지 않았다. 바깥놀이 시간에는 울다 지친 나머지 모래놀이터에 앉아서 꼼짝도 하지 않았다.

선생님은 지은이가 놀이시간에 울기만 하고 놀이에 참여하지 않는 모습을 보면서 마음이 불편해 어머니에게 전화를 드렸다.

"지은이가 한번 화를 내거나 울기 시작하면 제가 지은이에게 제발 울지 말라고 빌어야 될 만큼 화를 풀지 못해요."

어머니는 지은이에게 터울이 많은 오빠가 한 명 있으며, 그러다 보니 집안에서 지은이가 하려는 대로 해줄 때가 많다고 했다. 지은이는 어떤 경우에도 미안하다거나 고맙다는 말을 해본 적이 없는데, 그 점은 결혼생활 15년 동안 남

편에게 미안하다고 사과해본 적이 없는 자신을 쏙 빼닮았
다고 덧붙였다.

지은이는 엄마도 고집을 꺾지 못한 아이, 어떤 행동을 하
든 부모가 모든 것을 수용하는 아이였다. 어머니는 그날 있
었던 지은이의 울음에 대해서 진단을 내려주었다.

"지은이는 태어나서 처음으로 자신의 잘못에 대해서 사
과해야 하는 상황에 부닥쳤고, 그 상황을 받아들이지 못한
거예요."

선생님은 지은이 어머니의 말이 엄청난 도전으로 다가왔
다. 지은이를 건드리면 안 되는 아이로 여겨 지은이에게 맞
은 아이만 달래고, 지은이에게 아무런 조처도 취하지 않으
면, 지은이는 외톨이가 될 뿐 아니라 앞으로 사회생활도 못
할 것이었다.

아마 그날은 지은이 여섯 살 인생에서 가장 우울한 날이
었을 것이다. 그날까지 지은이는 누군가에게 자신의 행동
에 대해 구체적으로 무엇을 잘못했는지 지적을 받고, 어떻
게 사과해야 하는지에 대해 듣지 못했다. 자신의 기분과 다
른 상황에서 어떻게 행동해야 하는지, 상황에 따른 행동의

제재나 지시를 받아본 적도 없었다. 그랬으니 자신의 행동에 대해 지적받고, 사과해야 하는 유치원에서의 하루가 무척 힘들었을 것이다.

선생님은 기꺼이 도전을 받아들였다. 지은이가 잘못하면 구체적으로 말을 하고, 친구에게 사과를 해야 하는 상황이면 사과를 하게 했다. 지은이에게 이렇게 비가 오고 천둥이 치는 날이 몇 번 더 있었지만 결과는 곧 나타났다. 지은이도 주변을 살펴보는 아이가 되었다. 친구에게 불편함을 주거나 약속을 지키지 못 하는 등 스스로 잘못했다고 생각하는 날에는 더 이상 울거나 떼를 부리지 않았다. 대신 선생님에게 도움을 청하거나 친구에게 미안하다고 말을 했다.

공동체 안에서의 약속을 존중하는 아이! 그런 아이가 되어야 행복하게 살아나갈 수 있다. 지은이도 유치원 공동체의 일원이 되어 졸업을 하고, 초등학교에 입학했다. 지은이의 유치원 친구들은 지은이를 어떻게 기억할까? 떼를 쓰는 아이, 아니면 놀라운 음감을 가진 아이. 놀라움을 주는 아이가 되기 위해서는 누구든 공동체 일원으로서의 자질을 갖추어야만 한다.

배우지 않았는데
어떻게 해요?
난 못해요!

성호는 유치원에서 척척박사로 통했다. 유치원에서 귀가한 뒤에 두세 개의 학습지를 하고, 집에서도 책만 보는 아이였다. 만으로 세 살, 우리나라 나이로 다섯 살 되는 아이가 어려운 책을 척척 읽는 것을 보면, 놀라움과 함께 '저 책을 어떻게 이해할까?'라는 궁금증도 들게 했다. 척척박사인 성호는 그림책을 보면서 선생님이 "물고기"라고 읽으면 "해수어예요, 담수어예요?"라고 묻곤 했다.

어느 날 선생님은 교실을 비울 수 없는 상황이라 성호에게 심부름을 시켰다. 바로 교실 맞은편에 있는 난초반 교실에 다녀오라는 부탁이었다. 가장 믿을 만하다고 생각해서 성호에게 부탁했는데, 예상밖의 일이 일어났다.

"성호야! 난초반 교실에 가서 똑똑 문을 두드리고, 선생님께 메모지 좀 전해드리고 올래?"

선생님이 메모지를 건네주려 하자 성호가 울먹였다.

"난 못해요! 난초반 교실에는 가본 적이 없어요."

보통 3월에는 아이들의 유치원 환경 적응을 돕기 위해 모든 공간을 둘러보게 한다. 자신의 교실, 형님반, 친구반, 동생반 교실은 물론 원장실, 교사실, 자료실, 그리고 급식과 간식을 조리하는 조리실까지. 게다가 난초반은 복도 맞은편이라 오며 가며 보던 익숙한 교실이다.

선생님은 성호가 심부름을 못하겠다고 울먹여서 당황했다. 그때 바깥놀이를 제일 신나게 하는 민수가 나섰다.

"선생님! 우리 교실 앞에 있는 난초반에 갔다 오면 되죠? 내가 갔다 올 게요!"

민수는 금방 심부름을 다녀왔다.

교육경력이 있는 선생님이라면 지적인 능력이 뛰어난 성호보다 바깥놀이터에서 신나게 공을 차고, 미끄럼틀에도 올라가면서 자신이 할 수 있는 활동을 매일 넓혀가는 민수가 새로운 상황에서 문제를 해결하는 능력이 더 크다는 것을 안다. 민수는 어제와 다르게 미끄럼틀에 올라가면서 얻은 자신감이 있기 때문이다.

"매일 바깥놀이를 하면서 도대체 뭐하고 놀아요?" "바깥놀이를 하면 뭐가 좋은데요?"

부모들이 보기에 '목적 없는 놀이' '시간 때우기'처럼 보이는 바깥 활동들은 신체의 강인함을 기르는 활동이자 아이의 내면을 꽉 채우는 활동이다. 아이들은 어제보다 오늘 더 미끄럼틀에 능숙하게 올라가면서 성취감을 얻는다. 미끄럼틀에 오르기 위해 수없이 한 시도를 통해서 새로운 시도를 두려워하지 않는 마음이 생긴 것이다.

심부름 사건은 성호가 가지고 있는 문제의 한 단면을 보여준 것에 불과했다. 성호는 하원 이후 집에서 매일 지나치게 높은 수준의 선행학습을 하고 있었다. 성호는 겨우겨우 답을 맞혀 가면서 '이번에 틀리면 어떡하지?' 하는 불안감을 느꼈고, 그러는 동안 자신감을 점점 잃어갔다.

인지심리학자들은 인간이 가장 불편해하는 감정으로 불안을 든다. 불안감은 모든 나쁜 감정들을 증폭시키기 때문이다. 불안하면 더 화가 나고, 더 걱정되고, 더 무섭다. 성호는 늘 '틀리면 어떡하지'라는 마음속 괴물 때문에 새로운 것 앞에서 겁부터 먹는 아이가 돼버린 것이다.

성호가 심부름을 못한 사건은 성호기 낯가림을 해서 생긴 일 정도로 보일 수 있었지만 선생님 생각은 달랐다. 성호를 바깥놀이시간에 민수 옆에서 활발히 놀게 하고, 다양한 심부름도 함께 시켰다.

'배운 적 없는 걸 하게 하는 용기야 솟아라!'

선생님은 성호에게 끊임없이 착한 주문을 걸었다.

혼자서 화장실에 가본 적 없는
임금님이 되면 안 되죠?

유치원에서 만 3세와 4세는 혼합연령반으로 구성하는 경우가 있다. 만 세 살인 성찬이는 집에서 왕처럼 지내다가 유치원에 입학하면서 처음으로 공동체 생활을 경험하게 되었다. 성찬이네는 증조할머니, 할머니, 할아버지, 어머니, 아버지가 한집에 사는 대가족이었다. 성찬이는 어른들의 사랑을 독차지했다.

유치원에 처음 방문한 날, 성찬이는 소꿉영역, 블록영역에 관심을 보이며 놀잇감을 만져보기도 했다. 처음 보는 놀잇감을 발견하면 "엄마! 이것 봐"라고 큰 소리로 엄마를 불러댔다. 성찬이는 낯선 곳에 왔는데도 행동에 머뭇거림이 전혀 없었다. 재미있는 것을 발견하면 자신의 기분을 큰 소리로 표현하는 에너지가 넘치는 아이였다.

유치원에 온 첫날, 성찬이는 신나게 놀이에 빠진 나머지 화장실에 다녀오는 시간에 혼자만 안 갔다. 모든 아이들이 화장실에 갈 때, 성찬이는 "괜찮다"라고 우겼다. "이것 봐! 진짜 높아졌지?" "나처럼 해봐! 진짜 멋있지!" 블록을 하나씩 쌓을 때마다 곁에 있는 친구들이나 형들에게 종알종알 말을 걸면서, 다른 일에는 전혀 관심을 갖지 않았다.

그런데 어느 순간, "어!" 하고 성찬이가 일어서는데 보니, 바지가 젖어 있었다. 선생님은 그 자리에서 꼼짝도 안하는 성찬이를 교사실로 데리고 나와, "성찬이가 놀이하느라 실수를 했네!"라고 다독이며 옷을 갈아입혀 주었다. 얼마 지나지 않아 성찬이는 또 옷에다 실수를 했다. 선생님은 하루에 두 번씩 새 옷으로 갈아입히기를 반복했다. 성찬이는 오전 9시에 등원해 12시에 하원하면서 늘 오줌 싼 바지를 두 벌씩 집에 들고 갔다. 3월 내내 하루도 빠짐없이 실수하는 성찬이를 보면서, 선생님의 마음속에 커다란 의문이 하나 자리잡았다.

'어떻게 이런 일이 있을 수 있지?'

보통은 한 달이 지나 3월 말이 되면 배변실수를 하지 않게 된다. 그런데 성찬이는 매번 실수를 하면서도, 선생님이 화장실에 가자고 하면, 그때마다 "응…… 응…… 내가 놀 거야, 오줌 안 마려워" 소리만 반복한다.

3월 말쯤 되자 선생님은 전략을 바꿨다. 성찬이가 똑같은 소변 실수를 하자, 그날은 옷을 갈아입혀 주지 않았다.

"성찬아! 화장실에 가자고 이야기를 했는데도 성찬이가 또 가지 않고 놀이하느라 소변을 바지에 실수했으니까, 오늘은 옷 갈아입는 것을 선생님이 도와주지 않을 거야!"

단호하게 이야기하자 성찬이는 울먹이면서 말했다.

"선생님이 옷을 갈아입혀 줘, 나는 또 놀 거야."

"아니, 이번엔 그냥 젖은 옷을 입고 놀아야 될 것 같아!"

선생님도 물러서지 않았다.

"엄마에게 전화해줘! 나 옷 갈아입혀 줘, 난 놀 거야."

선생님은 성찬이 어머니에게 전화를 해서 그 내용을 성찬이도 듣게 했다.

"어머니! 오늘도 성찬이가 화장실에 가지 않고 노느라고 소변을 바지에 실수했어요. 그래서 오늘은 성찬이 바지를 갈아입도록 도와주지 않을 거예요."

"예. 선생님. 또 성찬이가 놀이하느라 화장실에 가지 않겠다고 떼를 부려서 실수를 했으니까, 오늘은 젖은 옷을 갈아입지 않고 놀아야겠네요!"

성찬이는 더 이상 거부하거나 화를 내지 못한 채 울먹였다. 옷을 갈아 입혀달라는 이유는 젖은 옷을 입어서 추워서라기보다 친구들에게 자신이 실수한 사실을 숨기고 싶어서였다. 하지만 그날은 선생님이 성찬이 마음을 알면서도 단호하게 거절했다. 급기야 성찬이는 대안을 내놓으며 조르기 시작했다.

"그럼, 그럼 선생님! 오늘만 나 새옷 입혀주라. 다음에는 화장실에 가면 되잖아!"

"선생님이 여러 번 화장실 가자고 이야기했는데도 계속 가지 않았으니까, 선생님도 이번에는 성찬이를 도와주지 않겠어!"

이렇게 실랑이를 벌이는 동안 10여 분이 지났다. 성찬이는 속상한 나머지 서럽게 울먹였다.

"친구들은 다 놀잖아. 나만 못 놀잖아!"

"선생님은 성찬이가 울면서 말하니까 잘 안 들려. 또박또박 말해줄래?"

성찬이는 의지를 발휘해 또박또박 말했다.

"다음에는 놀다가 화장실에 가면 되잖아!"

성찬이와 약속을 한 선생님은 드디어 옷 갈아입는 것을 도와주었다.

이것으로 성찬이의 사회화는 첫 발자국을 뗀 것이었다. 성찬이는 유치원에 온 첫날부터 친구들과는 다른 모습을 보였다. 종이와 연필 한 자루를 들고 교실 이곳저곳을 탐색하다가 선생님과 눈이 마주치면 "나, 공부하는 거야"라고 말했다. 책상 위를 뛰어다니거나 책상 위에서 놀이하다가 눈이 마주쳐도 "나 공부하는 거야"라고 우겼다. 그 말은 내가 무슨 행동을 해도 가만히 두라는 명령 같았다.

집에서의 성찬이 행동은 어떤 제재도 받지 않았다. 힘겹게 얻은 아이였기에 성찬이는 탄생 자체가 축복이었다. 다섯 명의 어른들은 성찬이만을 바라보았다. 성찬이는 어른들의 관심의 중심에 있다 보니 때가 되면 모든 것이 해결되었다. 심지어 할머니들이 번갈아가며 준비한 '쉬통'에다 소변을 보게 했다. 성찬이는 화장실을 이용하는 번거로움조차 경험하지 못했던 것이다. 그러다 보니 유치원에서 지내는 동안에도 화장실에 가느라 놀이를 중단할 필요를 느끼지 못했다. 책상 위에 올라가거나 활동시간에 '딴짓'을 해서 제재를 받는 상황에서는 "나 공부하는 거야"라고 말했다.

성찬이의 사회화는 다른 아이보다 훨씬 더 멀고 험난했다. 만 4세 남자아이가 교실에서 돌발적인 행동을 일삼고 있으면 성찬이는 "형아!"를 부르며, 그 뒤를 졸졸 따라다니면서 두세 배 더 돌발적으로 행동했다.

"성찬아, 이리 와서 앉아볼래? 친구들이 모두 모여 앉아서 선생님께서 들려주시는 이야기를 듣고 있는데!"

선생님의 이야기를 듣는 친구들을 뒤로 하고 혼자서 교실 이곳저곳을 돌아다니는 성찬이! 선생님은 두어 번 부르는데도 오지 않으면 선생님도 성찬이에게 관심을 기울이지 않는 척했다. 선생님과 친구들이 웃으며 재미있게 수업하는 걸 보면서, 성찬이도 슬금슬금 자신의 자리에 가서 앉기 시작했다. 그도 그럴 것이 자신의 주위에 아무도 오지 않아 심심한 데다 친구들이 하는 것도 재밌어 보였기 때문이다. 성찬이는 점차 친구들 곁에 앉아서 수업을 들었다.

3년간의 유치원 생활을 하는 동안 성찬이는 가지고 논 장난감 정리하기, 휴지 쓰레기통에 버리기, 친구 도와주기, 선생님 심부름도 잘하게 되었다.

초등학교에 입학하고 난 뒤 성찬이는 어머니와 인사하러 유치원에 들렀다. 초등학교에 가는 아침 등굣길에 아직도 유치원에 오고 싶다고 말한다고 했다.

"초등학교는 한 사람만 이야기하고, 말도 못하게 하기 때문에, 그래서 나는 초등학교보다는 유치원이 좋아요."

그러나 2학년이 된 성찬이는 초등학교가 제일 재미있는 곳이라고 신나게 이야기했다. 성찬이는 어느 곳에 가든 유치원에서처럼 편하게 지내게 되었다. 집에서 조선시대 왕들처럼 살았다면, 성찬이는 여전히 스스로 화장실에 갈 필요조차 못 느끼고 있을 것이다.

자아가 사라져
색깔도 생각도 없어진
투명한 따라쟁이

만 3세반에 같은 아파트에 사는 세 명의 여자아이가 있었다. 지은이, 아영이, 수현이. 오빠가 있는 지은이는 자신의 의사를 분명하게 표현하는 아이로, 크고 동그란 눈이 예뻤다. 아영이에게는 언니와 화려하게 꾸미기를 좋아하는 세련된 엄마가 있었다. 수현이는 외동딸로 엄마는 아동학을 전공한 자상하고 따뜻한 분이었다. 학기 초에는 세 명의 친구들이 비슷하게 보였다. 어머니들끼리 교류가 잦다 보니 하원해서도 모여 놀거나 식사를 하는 등 같이 시간을 보내는 경우가 많아서인 듯했다.

그런데 그림 그리기를 했을 때, 똑같은 그림이 두 장 있었다. 가족그림을 그려도 동일한 가족을 그린 그림이 두

장, 견학을 다녀온 이후에도 같은 그림이 두 장이었다. 누군가 따라하고 있었는데, 주인공은 수현이었다.

수현이는 기질이 순하다 보니, 처음 본 사람들도 '참 착하고 말을 잘 듣겠다'는 칭찬(?)을 하곤 했다. 아이에게 관심이 많은 어머니는 수현이가 무엇을 할 때 늘 지켜보았다. 수현이는 아무리 작은 행동이라도 어머니에게 눈짓으로 물었다. 그러다 보니 수현이는 그만 어머니의 눈짓 결재가 필요한 아이가 되어버렸다.

그림을 그릴 때 친구의 그림을 따라할 수 없도록 선생님은 일부러 수현이의 곁에 가서 앉았다. 수현이는 노란색 크레파스를 잡으면서 선생님을 빤히 바라본다. 눈으로 "이 색을 써도 될까요?"라고 묻는 것이다. 영문을 알고 있으면서도 선생님은 "수현아! 왜?"라고 모른 척 되물었다. 그러면 수현이는 머뭇거리다 "선생님! 노란색 크레파스로 칠해도 돼요?"라고 묻고는, 얌전히 앉아 선생님 대답을 기다렸다.

수현이의 "선생님! 이건요?"라는 물음은 그림을 다 그릴 때까지 이어졌다. 수현이는 작은 행동 하나까지도 자신의 생각대로 하는 것이 어려웠다. 크레파스를 바꿀 때마다 주변에서 믿을 만한 사람을 찾았다. 그 상대가 선생님이면 더욱 좋고, 친구여도 괜찮았다.

가족 그림을 그리자고 이야기하면, 수현이는 "엄마 그려요? 아빠 그려요?" "테두리를 하얀색으로 그려요?"라고 묻는 건 물론, 도화지를 펼쳐 놓고는 "여기부터 그려요?"라고 다음 단계로 갈 때마다 물었다. 자신이 없다 보니 '모기소리'로 말해서, 선생님은 수현이가 크레파스 색상을 고르는 손가락 끝을 보면서 질문을 추측했다.

선생님은 수현이가 자신의 생각대로 행동으로 옮길 수 있도록 수현이가 질문을 하면, 되묻기를 계속했다.

"수현이가 노란색 칠할까?"라고 작은 소리로 물으면, 선생님은 시치미를 뚝 떼고 "수현이는 엄마 블라우스의 색깔이 노란색이면 좋을 것 같아?"라고 물었다. 선생님은 수현이의 작은 눈짓, 입모양을 보면서 "그런가 보네? 수현이는 엄마가 노란색 블라우스를 입으면 예쁘다고 생각하는구나!"라고 말을 이어갔다. 그러면 수현이는 또 한참 동안 생각하고 앉아 있었다. "우리 엄마 블라우스 색깔을 노랑으로 칠해볼까?"라는 대답이 떨어져야만 색칠하기 시작할 것이

어서 선생님은 계속해서 수현이에게 생각을 하도록 유도했다.

"수현아, 엄마 블라우스 어떤 것이 있는지 떠올려봐? 어떤 걸 입었을 때 엄마가 가장 예쁘셔?"

블라우스 색깔이 노란색으로 선택될 때까지 많은 질문과 대답이 오갔다. 겨우 결정이 내려지자 수현이는 노란색 크레파스를 들고 하얀색 공간을 빈틈없이 칠했다.

이렇게 두어 달이 지난 뒤부터 선생님은 수현이가 보다 자신감을 가질 수 있게 이번에는 더 오래 기다려주었다. 그림 그리기를 할 때에는 수현이의 상황에서 생각할 수 있는 그림들을 보여주고, 수현이가 그림을 그리는 동안에는 어떤 판단과 질문도 하지 않았다. 이번에는 수현이가 노란색 크레파스를 집어들면, 그저 웃는 얼굴로 지켜봐 주었다. 수현이가 노란색 크레파스로 색칠을 시작하면 "와! 노란색 블라우스를 입은 언니가 되었네" "선생님도 노란색 블라우스가 있는데, 선생님 블라우스랑 같은 색깔이네, 선생님도 노란 블라우스 입고 싶은데"라고 말했다. 선생님은 수현이가 어떤 표현을 해도 된다는 것을 끊임없이 알렸다.

작은 행동 하나하나가 모두 고민인 아이. 그때마다 수현이에게 반문하거나 수현이가 선택하도록 기다리는 선생님. 한 학기 동안 두 사람의 길고 긴 동행이 이어졌다.

한 학기가 지나자 똑같은 그림이 두 장이던 교실에서 아이들 수만큼 다른 그림이 나오기 시작했다.

말을 잘 듣는 순한 아이들 중에는 수현이 같은 수동적인 아이가 많다. 엄마의 작은 뜻도 거스르지 않는 아이로 양육하는 것은 아이의 생각을 빼앗는 것이다. 안타깝게도 아무 결정도 못 하는 아이들은 양육자의 마음에 쏙 들도록 행동하기 위해 자신의 생각과 색깔을 몰래 버린 것이다. 몸은 자리에 있어도 영혼이 증발한 아이가 되어 어디에 가든 얌전하게 자리만 지키고 있다. 이런 투명한 유리 같은 아이들은 밖에서 '착하다'는 칭찬을 받는다.

수현이는 가을에 낙엽 줍기를 하러 고궁에 갔을 때에 휴지만 가방에 가득 담아왔다. 울긋불긋한 아름다운 낙엽을 보고도 어떻게 해야 할지 몰라 "휴지를 버리지 않아요!" "쓰레기가 있으면 주워요!"란 선생님의 말을 떠올렸던 것이다.

다른 친구들은 미술 활동 시간에 만든 비닐가방에 낙엽

을 가득 담아 서로 자기 것이 많다고 자랑할 때, 안타깝게
도 휴지만 든 가방을 껴안고 있었다. 아름다운 낙엽을 보고
도 탄성을 올리지 않은 채 어른들의 말만 기계적으로 따르
는 수현이를 보면서, 선생님은 한 가지 결심을 했다. 바깥
놀이 시간에 수현이 곁에 더 많이 있으면서 투명한 아이가
아닌 진짜 수현이를 되찾아 주어야겠다고.

몸 움직이는 걸 가르쳐주는 책이 없어 벽에 부닥친 아이

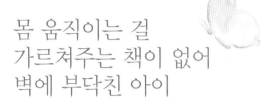

만 3세반에 입소한 경환이는 반짝거리는 검은 머리와 흰 얼굴이 멀리서도 눈에 띄는 아이였다. 경환이는 어머니와 단둘이서 지내는 시간이 많아서인지 어머니의 손을 놓고 유치원에 적응하는 데 딱 한 달이 걸린 아이였다. 경환이가 울면서 어머니를 찾을 때 "엄마 여기 있는데"라고 대답하기 위해 어머니는 경환이가 블록놀이 카펫에 앉으면 보일 만한 곳에서 하루 종일 책을 보다가 경환이와 함께 하원했다. 경환이 어머니는 하원 무렵, 아이를 기다리며 삼삼오오 모여 있는 어머니들 사이에 끼지 않았다.

유치원에 온 지 한 달쯤 되자 경환이는 친구들과 놀이하는 즐거움에 푹 빠졌다. 등원하면 블록놀이 영역으로 가서,

먼저 와서 놀고 있는 친구에게 무엇을 만들고 있는지 물어보고는 자신도 그 옆에서 털썩 앉아서 신나게 동물원을 만들곤 했다.

어느 날, 경환이는 현관에서 신발을 실내화로 바꿔 신자마자 어머니에게 눈길도 주지 않은 채 친구 이름을 크게 부르며 뛰어가 버렸다.

"어머니 축하드려요. 경환이는 이제 어머니가 안 계셔도 교실에서 친구들이랑 재미있게 놀이할 수 있게 되었어요."

선생님들은 경환이가 어머니와 떨어지면 불안해한다는 것은 알았지만 반대로 어머니 또한 불안감을 느낄 것이라고는 생각해보지 않았다. 대학에서 강의하던 경환이 어머니는 임신과 동시에 자신의 경력을 스스로 단절하고, 오로지 경환이와 함께 지내는 일에만 몰두했다.

6월쯤 되면 유치원 만 3세 반에서는 친구집 방문이 이어진다. 아이들이 친구를 사귀게 되면 어머니들도 자연스레 함께 어울리는 문화가 만들어진다. 유치원에서 이미 아이들끼리 서로의 집에 놀러 가기로 약속을 하고 하원할 때 어머니께 허락을 받고는 다음 날 하원 때 친구네 집에 놀러

가는 것이다. 경환이도 이즈음 친구들과 놀이하는 재미에
푹 빠져 어머니에게 조르기 시작했다.

"엄마, 나도 친구 집에 놀러 갈래요."

"안 돼! 경환아. 경환이는 오늘 엄마랑 그림책도 읽고 피
아노도 치고 놀아야 해."

그러자 경환이가 화난 목소리로 말하는 바람에 주변에
있던 사람들이 당황했다.

"엄마는 친구도 없잖아. 나랑만 놀지 말라고, 나는 친구
들하고 놀게!"

그날 이후부터 경환이 어머니는 대단한 결심을 한 것으
로 보였다. 손에 들고 있던 책을 덮고, 어머니들이 이야기
하는 주변으로 가서 곁을 지키고 있었다.

경환이는 어머니의 기대대로 인지적으로 뛰어난 아이였
다. 경환이가 놀잇감으로 놀이할 때 "이건 비행기네!"라고
말하면, 순간 "이건 707점보 비행기예요!" "이건 전투기예
요!" "이건 여객기인데요. 지금 사람을 내려주면 격납고에
가서 쉬었다가 내일 또 비행할 거예요!"라고 말하면서 비행
기와 공항에 대한 지식과 정보를 들려주곤 했다.

경환이는 손이나 몸으로 하는 활동보다 머리로 생각하고, 이야기하는 부분에 있어 탁월한 발달을 보이는 아이였다. 반면 모든 것을 어머니가 따라다니며 다 해주어서인지 정리정돈이나 쓰레기 버리기 같은 귀찮은 일은 안 하려고 하는 경향도 강했다.

유치원에서는 놀이시간이 끝나면 함께 교실을 정리한다. 그 시간에 경환이는 늘 자신이 좋아하는 빨강 미니카를 들고 교실 이곳저곳을 돌아다녔다. 교실 벽을 도로로 상상하고는 미니카의 바퀴를 굴리면서 혼자놀이를 이어갔다. 교실을 돌아다니다가 친구들과 놀잇감을 정리하고 있는 선생님과 마주치면 얼른 "나 지금 미니카 집에 데려다주는 거예요. 나도 정리하고 있어요"라고 자신도 다른 친구처럼 정리정돈하고 있다는 메시지를 보냈다. 놀잇감 정리정돈에 경환이를 참여하게 하는 것이 선생님의 숙제가 되었다.

그날은 물감놀이와 소꿉놀이를 한 뒤라 유난히 교실 정리가 되지 않은 날이었다. 교실바닥에는 물감 묻은 휴지가 버려져 있고, 소꿉놀이 옷도 옷걸이에 걸리지 않은 채로 널려 있었다. 모두들 우선은 힘을 합쳐서 교실을 치워야 하는 상황이었다.

"애들아, 오늘은 우리 개나리반 교실이 정리가 되지 않고, 놀잇감이 집에 다 들어가지도 못했어. 그러니까 바깥놀이를 나갈 수가 없을 것 같은데. 어떻게 하면 우리가 모두 바깥놀이에 나갈 수 있을까?"

"우리가 얼른 정리해요."

"교실 휴지도 주워요."

대부분의 아이들은 바깥놀이 허락을 받으려고 교실정리에 애쓰고 있었다. 그런데 갑자기 경환이가 두 손으로 책상을 쾅 치고 일어나서 큰소리로 따졌다.

"선생님, 그런데 선생님이 우리랑 아침에 이야기할 때 오늘 간식 먹고 바깥놀이 나간다고 했는데요. 왜 바깥놀이를 못 나간다고 그러는 거예요?"

만 3세 아이들에게서 볼 수 없던 상황이라 선생님은 내심 깜짝 놀랐다.

"우리 개나리반이 평소처럼 교실정리를 잘 한다고 했을 때 말이었어요. 그런데 오늘은 개나리반이 모두 아가반이 되었는지 놀잇감이 정리되지 않았잖아요."

그러자 경환이도 "그럼 정리하면 되잖아요"라고 뾰로통하게 말하며 친구들을 돕기 시작했다.

보통 유치원에서는 경환이 말대로 일과가 진행된다. 항상 일과를 시작하면서 어떻게 지낼지 이야기하는 시간이 있다. 친구들과 인사를 나눈 다음 자유선택 활동에 무엇을 할지 정하기, 정리정돈 하기, 화장실 가기, 손 씻기, 그리고 간식 먹은 이후에는 바깥놀이 나가기 등으로 하루 일과를 말한다. 날씨나 기온 이상 등 특이사항이 없는 경우에는 이런 순서로 일과가 진행된다.

경환이는 다른 아이들보다 바깥놀이를 즐기는 편은 아니었다. 평소에 책을 보거나 공부만 하다 보니 바깥에서 노는 것에는 미숙했다. 바깥놀이터에 나가면 어떤 놀이를 할지 몰라서 우선 실외놀이터의 이쪽 끝과 저쪽 끝까지 뛰어갔다가 되돌아왔다. 그런 다음 재미있어 보이는 놀이를 하는 친구 쪽으로 갔다. 실내에서는 경환이가 놀이를 주도하는 경우가 많았지만 바깥에서만큼은 아니었다.

그날 경환이는 무슨 생각에서였는지 이쪽 벽에서 저쪽 벽까지 유난히 세게 뛰어갔다. 자신의 속도를 미처 조절하지 못해 한쪽 벽에 이마를 세게 찧었다. 선생님이 달려가서 보니 눈썹 부분이 터져서 피가 흐르고 있었다. 경환이를 안고 병원에 가면서 어머니께 연락을 했다.

그런데 어머니가 병원에 온 뒤에 당황스러운 상황이 발생했다. 선생님이 바깥놀이터에서 속도를 조절하지 못해 벽에 부딪쳐서 다쳤다고 말했는데도 어머니는 경환이를 보자마자 "어쩌다가 다친 거야?"라고 물었다. 경환이는 "친구가 돌을 던져서 피가 났다"라고 말했다. 선생님은 어머니가 이성적이기 때문에 곧 상황을 정확히 파악할 거라고 생각했다. 그러나 경환이 어머니는 의사가 피부를 봉합하는 내내 "너무 속상하다"는 말만 반복하며, 선생님의 얼굴을 끝내 외면했다.

경환이의 어머니는 경환이의 말을 전적으로 믿었다. 경환이는 상황을 그대로 말하기보다 자신의 잘못이나 실수는 없고, 오로지 선생님과 친구들의 잘못으로 말했다. 일주일 동안 경환이는 등원하지 않았고, 학부모 사이에서는 경환이가 친구가 던진 돌에 맞아서 많이 다쳤다고 소문이 났다.

칸트식으로 말하면, 아이들은 판단능력이 떨어지기 때

문에 어떤 말을 하더라도 거짓말이 아니다. 다만 유치원에서 아이들이 거짓말을 한다면 거짓말을 하게 만드는 상황을 잘 따져야 한다. 아이들이란 자신이 담겨 있는 그릇이 어떤 그릇인지에 따라서 다르게 말하고 행동한다. 만약 경환이가 지적 능력만큼 운동능력을 갖추었다면 그런 사고는 일어나지 않았을지도 모른다. 경환이의 사례를 통해서 드러난 분명한 사실은 각 영역의 균형과 조화, 좋아하는 것과 싫어하는 것의 균형과 조화를 이루기 위해서 선생님뿐 아니라 학부모, 아이들 모두 노력해야 한다는 사실이었다.

항상 매 맞는 아이는
어른을 믿지 못한다

야윈 몸에 동그란 안경을 쓰고 오는 경규. 경규는 항상
바깥놀이를 하기 위해 유치원에 등원하는 아이처럼 보였
다. 반대로 경규가 가장 싫어하는 시간은 간식시간이었다.
간식을 받으면 먹지 않고 포크로 작게 부수는 놀이를 해서
경규가 앉은 자리에는 늘 과일조각과 빵 부스러기가 쌓여
있었고, 요구르트나 주스는 컵이나 용기에 가득 담긴 상태
그대로 남아 있었다.

경규는 늘 바깥놀이 시간만 기다렸다. 바깥놀이를 나가
면 우선 안경을 선생님 손에 쥐어 주었다.

"경규야, 안경을 벗어도 잘 보이니?"

"네. 안경을 쓰면 뛸 때 자꾸 벗겨지니까 선생님이 가지
고 있으세요."

경규의 안경은 사시교정용으로 안경을 쓰면 3차원의 입체가 모두 2차원의 평면으로 보인다. 눈이 물체를 향해 쏠리는 현상을 방지하기 위해 만들어진 사시교정용 안경을 쓰고 바깥놀이를 하게 되면 입체감이 없어 뛰어놀거나 달리기를 할 때 불편하다.

경규는 바깥놀이 외의 시간에는 다른 아이를 방해하기 일쑤였다. 함께 모여서 이야기 나누는 시간에는 절대 모이는 자리에 앉지 않았다. 일부러 친구들이 모여 앉는 자리에 와서는 "나 여기 있다"라고 말하면서 도망가곤 했다. 친구들이 자신을 따라오기를 바랐던 모양이다.

다른 아이들이 선생님이 들려주는 그림동화에 빠져 경규에게 시선을 주지 않으면, 선생님이 보여주는 책을 손으로 가리기도 했다. 선생님이나 친구들이 화를 내거나 "경규야, 그러면 안 보이잖아!"라고 말을 하면, 오히려 으쓱 하고 웃었다. 친구들과 선생님에게 지나치게 주의집중을 받아야 만족하는 아이가 바로 경규였다.

선생님은 반 아이들을 위해서, 경규를 위해서 경규를 수업에 참여시키려고 했다. 선생님은 더욱 아이들의 흥미를 돋우기 위해 아이들이 좋아하는 주제의 그림동화를 들려주곤 했다. 경규가 책을 가리기라도 하면, 아이들이 가리지 않은 부분에 집중할 수 있도록 손동작을 곁들여서 더욱 열정적으로 들려주었다. 그리고 경규가 좋아하는 공룡이 등장하는 그림동화도 들려주었다. 보통 때에는 그림동화를 한 편만 보여주다가도 경규가 친구들을 방해하는 날은 두세 편씩 들려주면서 그림동화에 관심을 가지게끔 했다.

경규는 선생님이 자신에게 집중하지 않고, 다른 친구들에게 자신이 가장 좋아하는 그림동화를 들려주자 못 참겠다는 표정을 지었다.

'선생님이 한 번만 더 내 이름을 불러주면 앉을 텐데……'

경규의 속마음은 이랬다.

"경규가 듣고 싶은 이야기인가 봐. 경규가 보고 싶어 하는 공룡 이야기니까 지호 옆에 경규도 앉아서 함께 볼래?"

선생님이 이렇게 말하자, 경규는 더 큰 소리로 거부한다.

"아니오! 나는 안 보지요, 안 보지요!"

말은 그렇게 했지만 경규는 관심을 더 받고 싶어서 선생님 앞으로 다가온다. 경규는 혀를 날름날름 내밀면서 선생님과 아이들 주변을 빙빙 돌아다니며 수업을 방해한다. '선생님은 아무리 내가 얄밉게 굴어도 못 때리잖아요. 약 오르지요!'라는 뜻이다.

선생님은 잠깐 아이들에게 도움을 요청한다.

"선생님은 경규랑 이야기하고 올게. 그러니까 우리반 친구들 중에서 다른 친구에게 자신이 가장 재미있게 들었던 이야기를 들려줄 수 있는 사람?"

손을 든 아이에게 이야기책을 맡기고 선생님은 경규에게 향한다.

"경규야, 선생님이 경규랑 이야기를 하고 싶은데, 어디로 가서 하면 좋을까?"

경규는 평소 놀이하기를 즐기던 블록 카펫을 가리켰다. 선생님은 경규와 함께 블록 카펫으로 가서 마주 앉았다. 선생님은 눈높이를 맞추며 묻는다.

"경규야, 선생님은 경규도 함께 경규가 좋아하는 공룡 이야기를 들었으면 좋겠는데, 경규 생각은 어떤지 궁금해."

"응, 나도 선생님이 공룡 이야기 들려주면 좋겠어. 나도 듣고 싶어."

"그랬구나! 선생님도 경규랑 공룡이야기 함께 나누고 싶었는데, 경규도 그랬구나! 선생님은 경규가 아무리 선생님 속상하게 해도 안 때리거든! 경규가 이야기한 대로 선생님은 경규랑 말로 이야기하고, 손으로 이야기하지는 않을 거야. 경규도 선생님이 경규를 때리거나 경규에게 소리를 지르면서 화를 내는 것은 좋아하지 않을 것 같아."

"응. 우리 엄마는 나 때리는데, 선생님은 나 안 때리니까 나는 선생님이 좋아!"

항상 매를 맞는 아이는 어른을 믿지 못한다. 몇 번이고 '이래도 나를 안 때리는구나'라고 미운짓을 해서 확인을 한 다음에야 다가온다. 경규는 자신이 어떤 행동을 하더라도 화내지 않고 기다려주는 선생님의 모습을 보면서 많은 생각을 한다.

에너지 넘치는 아이를 감당하기 어려워하는 부모들이 있다. 경규의 아버지는 잦은 출장으로 경규의 에너지를 소진시키는 놀이를 해주지 못했다. 어머니는 경규의 에너지를 다른 쪽으로 풀게 하려고 경규를 블록놀이방이나 바둑, 뇌호흡 교실에 보냈다. 정적인 활동을 하면 경규가 차분해질 거라고 생각하신 듯했다. 그러다 보니 경규는 더욱 자신의 신체와 정서를 조절하지 못 하는 상황이 되어버렸다.

어머니는 경규가 유치원에서 가만히 앉아서 친구들과 책을 보는 것을 보고는 깜짝 놀랐다. 어머니는 다음 날부터 경규가 가고 싶어 하던 수영장에 보냈다. 대근육 활동으로 에너지를 마음껏 사용한 경규는 훨씬 표정이 환해졌다. 외부로 표출되던 경규의 정서적 갈등은 초등학교에 갈 무렵에는 많이 누그러들어 있었다.

기다리기 약속을 지켜
친구를 만든 주먹대장

진호 어머니는 아직 어린 여동생을 업은 채 유치원에 진호를 데려왔다. 만 3세반에 등원하면서 진호는 처음으로 어머니와 떨어지게 된 것이다. 어머니가 하원할 때 항상 10~20분씩 일찍 와서 기다린 덕분에 진호는 다른 친구들과 함께 신나게 집으로 뛰어나갈 수 있었다.

그런데 어느 순간, 진호가 유치원이 익숙해지면서 문제가 생겼다. 진호는 친구가 가지고 있는 놀잇감이 갖고 싶으면 휙 하고 빼앗아 버렸다. 친구가 다시 빼앗긴 놀잇감에 손을 대면 주먹으로 때리는 일이 하루에도 두세 번씩 일어났다. 진호는 놀잇감을 양보하거나 친구와 함께 가지고 노는 것을 많이 어려워했다.

선생님은 하원 때 진호에게 맞은 친구의 이야기를 진호

어머니에게 들려주었다. 진호 어머니는 늘 살짝 웃으면서 "아이들은 원래 싸우면서 크잖아요"라고 말했다. 진호의 훈육보다 진호 어머니의 생각을 어떻게 바꿔야 하는지가 선생님에게 더 큰 문제로 다가왔다. 수업시간에 선생님은 진호에게 '기다리는 약속'을 가르쳤다.

"진호야 친구의 놀잇감을 네가 빼앗으면 친구 기분이 어떨까? 친구가 먼저 가지고 놀고 있으면, 친구에게 나도 그 놀잇감으로 놀이하고 싶어. 조금만 놀고 줄 수 있니? 라고 물어봐. 그러면 친구가 시계 긴바늘이 5까지 가면 너한테 줄게라고 말할 거야."

놀잇감을 가지고 노는 시간이 되면 선생님은 진호부터 챙겼다.

"친구가 진호가 갖고 노는 거 갖고 싶다고 하면 어떻게 할 거야?"

"시곗바늘을 보고 말할 거예요. 6에 갈 때까지 조금 기다리라고."

진호는 손이 먼저 나가더라도 '시곗바늘'을 떠올렸는지 슬그머니 내려놓곤 했다.

만 3세반은 친구에게 양보하거나 약속을 지키면서 함께 놀이하는 방법을 모르는 아이들이 대부분이다. 하나씩 방법을 알려주고 친구의 마음에 공감할 수 있도록 안내하는 과정이 반복되면 조금씩 친구와 사이좋게 노는 방법을 터득한다. 문제는 진호의 어머니였다.

4월에 접어들자 진호의 행동은 많이 누그러들었다. 그러나 그동안 다른 아이들은 진호에게 더 이상 맞을 수 없다고 생각했다. 그날도 진호가 참지 못해 수현이의 놀잇감을 빼앗자 수현이가 "앙" 하고 울어버렸다. 이때 수현이 곁에 있던 민균이가 진호를 밀치고는 놀잇감을 빼앗아 다시 수현이에게 주면서 말했다.

"야, 친구가 가지고 노는 놀잇감은 우선 물어봐야 되잖아. 네가 그렇게 막 뺏으면 안 되잖아!"

민균이는 씩씩거리면서 진호 앞에 우뚝 서 있었다. 진호는 친구에게 처음으로 놀잇감을 빼앗긴 데다 힘으로 밀리면서 당황한 빛이 역력했다. 또 친구를 속상하게 하면 안 된다는 것을 조금씩 알아가고 있었기에 선생님에게 고자질도 못한 채 슬그머니 일어났다. 진호는 당황하고 속상했

느지 혼자 "앙" 하고 울어버렸다. 선생님이 다가가서 "진호야, 왜 우는데?"라고 물었지만 훌쩍거리기만 할 뿐 아무말도 하지 못했다. 진호는 성장하는 중이었다. 선생님은 사태를 알고 있지만 진호에게 하나씩 물어보았다.

"진호야 왜 우는데? 어디 넘어졌어? 그리고 왜 수현이도 울고 있는 거야?"

"수현이 놀잇감을 내가 빼앗았어요."

"수현이에게 놀잇감을 가지고 가도 되는지 물어보았니?"

"아니오."

"그럼 수현이에게 물어보지도 않고 무조건 수현이 놀잇감을 빼앗은 거야? 아, 그래서 수현이가 울었구나! 수현이가 먼저 가지고 놀이하는 놀잇감인데 수현이에게 물어보지도 않고 무조건 빼앗으니까 수현이가 많이 속상했구나. 그럼 수현이에게 한번 물어볼 수 있겠니? 수현아, 네 거 내가 한번 가지고 놀아도 돼라고."

"다음에는 이렇게 물어볼게요."

천천히 느리지만 진호는 친구들의 마음을 알아가고 있었다. 친구들과 함께 지내기 위해서 어떻게 해야 하는지 배워

가고 있었다.

　그런데 그날 선생님은 진호 어머니께 오늘 있었던 일을 말하자 진호 어머니는 평소와 다른 속상하고 화난 표정을 지었다.

　다음 날 진호는 벙어리장갑을 끼고 등원했다.

　"진호야, 오늘 장갑을 끼고 왔네? 날씨가 많이 따뜻해졌는데 진호는 손이 추웠어?"

　"아니오. 어젯밤에 아빠랑 거실에서 담요 펴놓고 권투 연습했어요."

　"아빠랑 권투연습해서 재미있었겠네!"

　"응. 재미있었는데요. 아빠가 친구를 이렇게 때리면 이길 수 있다고, 친구들이 때리면 이렇게 주먹을 휙 해서 이기고 오라고 그랬어요."

　진호가 한 달 내내 친구들의 놀잇감을 빼앗고, 친구들을 때리는 바람에 친구들은 진호가 곁에 가면 슬금슬금 놀잇감을 가지고 다른 곳으로 가곤 했다. 그런데 친구를 때리라고 권투연습까지 시키는 부모님이라니! 선생님의 고민이 깊어갔다.

그런데 진호 아버지와 어머니의 생각을 진호가 차츰 바꾸어가기 시작했다. 진호는 민균이에게 한번 밀쳐진 이후부터는 친구의 놀잇감을 보면 약속대로 말했다.

"나도 갖고 싶어. 나도 한번 주라."

"조금만 기다리면 너한테 줄게. 조금만 있어."

진호는 친구들이 기다리라고 말하면 곁에서 놀잇감을 조금씩 만지작거리면서도 기다리고 있었다. 친구들도 놀잇감 끝을 살짝 잡지만 빼앗지 않는 진호를 보면서 양보를 했다.

"야, 그럼 네가 먼저 갖고 놀다가 또 나 줘!"

친구들처럼 놀잇감을 나누어 갖고 양보하는 방법을 알아가면서 진호도 친구들과 함께 놀이를 했다. 함께 놀이하는 친구, 진호도 그런 친구가 되는 중이었다.

외톨이와
이제 안녕할 거예요

    이전 기관에서 또래 아이들과의 관계에서 어려움을 경험한 연지. 연지는 놀이치료를 권유받고는 유치원에 오게 되었다. 연지 어머니는 독일에서 태어나고 성장한 독일인이었다. 독일에 심리학을 공부하러 간 연지 아버지는 지도교수의 딸인 연지 어머니와 사귀게 되었다. 두 사람은 결혼과 함께 한국으로 왔다. 어머니의 전공은 영문학이지만 독일어과 교수로 대학에 재직했다. 아버지와 어머니는 집에서 독일어와 영어를 썼기에 불편함이 없었다. 특히 연지 어머니는 한국어를 배우지 않아도 직장에서든 집에서든 생활에 불편함이 없는 상황이었다. 연지만 부모님과는 독일어와 영어를, 친구들과는 한국어를 사용하느라 힘들었다. 연지는 유치원에서 또래보다 한국어 발달이 늦어서 적응이 느린 아이였다.

연지의 외모 또한 금방 눈에 띄었다. 피부색은 희고, 금발에다 뺨에는 주근깨가 살짝 있고, 눈동자는 초록색이었다. 전형적인 백인 외모의 연지가 서툴게 한국어를 하는 걸 아이들은 신기하게 바라보았다. 아이들은 연지에게 호의적이었지만 연지의 유치원 생활은 쉽지 않았다. 바로 문화차이 때문이었다.

아이들이 "연지야 비켜봐!"라고 하면, 연지는 절대로 움직이지 않았다. 어머니와 아버지의 육아모습을 보면 선생님은 금방 연지가 움직이지 않은 상황을 이해할 수 있었다.

"연지야, 네가 여기에 있으니까 친구들이 블록을 옮기는 데 힘든 점이 있네. 어떤 점일까?"

"제가 여기 있으니까…… 길을 막고 있어요."

"그러면 연지가 어떻게 해주면 좋을까?"

"그럼 제가 비켜 줄까요?"

"친구들에게 블록을 들고 돌아가라고 할까?"

"아니오. 제가 비켜줄게요."

연지가 인지하지 못한 상황을 설명해주면 연지는 상황을

파악했다. 자신의 의견을 존중받는 상황이라면 연지는 스스로 판단해서 행동에 옮겼다. 그러나 다짜고짜 비켜라고 하면 절대로 비키지 않았다.

아이들은 연지에게 급하니까 "비켜!"라고 말할 수 있다고 생각한다. 길을 막고 있으면서도 비켜주지 않는 행동을 이해 못 하는 것이다. 반면 연지는 "블록을 옮겨야 해. 네가 길을 막고 있는 거니까 비켜줄래"라고 이유를 말하지 않으면 명령을 받는다고 생각했다.

연지에게는 사소한 것 하나까지 묻고, 연지가 생각해서 판단할 시간을 주어야 했다. 반면 한국 아이들은 말을 하지 않아도 눈빛만 보고 표정을 읽고 행동을 해버린다. 그러다 보니 연지는 또래 아이들과 함께 놀이하는 데 어려움이 많았다. 그로 인해 어머니의 스트레스도 심해 건강에 이상이 올 정도였다. 선생님은 연지가 친구들과 어울릴 수 있는 방법을 고민했다. 연지에게 신데렐라 같은 그림동화책을 독일어 책으로 읽어줄 수 있냐고 물었다.

연지가 독일어로 한 줄 읽어주고 우리말로 해석해서 들려주는 신데렐라는 아이들의 주목을 받았다. 연지는 가끔 독일 동요도 들려주었다.

"연지가 독일 동요도 들려주고 독일어 그림책도 읽어주었는데 우리는 연지를 위해서 무엇을 해줄 수 있을까?"

연지는 그림 그리기도 잘하고 블록도 잘 만들어서 또래 아이들의 도움을 필요로 하는 경우는 거의 없었다. 그래도 아이들은 연지에게 필요한 것이 무엇인지 생각해내었다.

"연지가 그네 타기를 좋아하니까 내가 그네를 밀어줄 수 있어요."

아이들은 모두 연지의 그네를 밀어주고 싶어 했다. 그날 이후 연지는 더 이상 외톨이가 아니었다. 자신이 그린 그림이나 종이접기 한 것을 서로 바꾸거나 선물하기도 했다. 하원할 때 연지의 가방에는 친구들의 작품이 가득 담겨 있었다. 서로에게 무엇인가를 할 수 있는 기회를 준다면 아이들은 바로 친구가 된다.

빨리 가는 길보다
천천히 노력하는 길을
택한 이유

현민이는 무척 순한 남자아이였다. 호텔에서 와인을 담당하는 어머니는 프랑스를 비롯해 유럽 출장이 잦았고, 같은 호텔에서 근무하는 아버지도 외국 출장을 많이 갔다. 덕분에 현민이의 양육은 팔순이 다된 친할머니가 전적으로 담당하고 있었다. 4월 5일, 식목일을 앞두고 선생님은 페트병을 잘라서 화분 만들기를 하려고 가정통신문을 보냈다. 페트병을 하나씩 등원할 때 보내달라는 것이었다.

그러나 현민이는 페트병을 챙겨 오지 않았다. 현민이는 이날뿐만 아니라 유치원에서 부탁하는 다른 준비물도 챙겨 오는 경우가 없었다. 선생님은 현민이 몫을 늘 따로 준비했다. 현민이의 사정이 궁금한 선생님은 전화를 했다.

그런데 전화를 받은 사람은 현민이였다. "여보세요······"
늘 유치원에서 듣던 현민이의 목소리가 들렸다.

"현민아, 선생님이야. 현민이 준비물을 가지고 와야 해서
전화했어. 어머님이나 아버님 계시니?"

"아니오. 엄마랑 아빠는 다 출장 갔어요."

"그러면 할머님께서 계시겠구나?"

"할머니요? 우리 할머니 전화 못 받으시는데요!"

"왜? 할머니께서 다리가 아프시니?"

사정은 곧바로 알게 되었다. 선생님이 아무리 말을 해도,
할머니께서는 아무것도 안 들린다는 말만 반복하셨다.

"우리 현민이한테 말하세요. 어디라고요? 뭔데요?"

선생님은 할머니의 음성을 듣고서야 현민이가 늘 빈손으
로 오는 까닭을 알게 되었다.

현민이는 유치원에서 무엇을 하든 선생님에게 하나하나
물어서 활동을 했다. 그런데 이상하게 대답해주었는 데도
다시 한번 묻기를 반복했다. 선생님은 처음에는 현민이가
'조심성이 많은가 보다'라고 생각했다. 그런데 사실은 하루
종일 할머니와 생활하다 보니 언어적 상호작용의 기회가

적어 말뜻을 제대로 파악하는 훈련을 못해서 그런 거였다.

한때 유치원에서 하던 검사 중에 고대 비네 지능검사가 있었다. 현민이의 지능이 80이라는 결과를 받자 부모님은 많이 놀랐다. 선생님은 그 이유를 알 수 있었다. 지능검사는 우선 언어적 소통이 가능했을 때 평가를 제대로 받을 수 있다. 현민이는 어떤 말을 하든 한번에 말을 알아듣지 못할 만큼 맥락을 파악하는 힘이 약하고, 아는 어휘의 수도 적었다. 친구들이 모두 한번씩 읽었을 법한 그림책도 처음 보는 경우가 많았다. 그러다 보니 어떤 책은 다시 읽어달라고 조르기도 했다.

"현민아 해님 달님 그림책 누가 읽어준 적이 있니?"라고 물어보면, "재미있어요. 그런데 나는 이런 책 처음 봐요"라고 대답하곤 했다.

아이들과 이야기를 나눌 때에도 현민이는 말이 없었다. 아이들이 "너는 어디에 사는데?"라고 물으면, "한신아파트!"라고만 대답했다. 보통은 어디에 살고, 너희 집과는 얼마나 가깝게 있고, 우리집에는 강아지가 있고 따위의 묻지도 않은 말들을 이어간다. 호기심이 강할 뿐 아니라 자신을 중심으로 관계성을 알아가는 나이라 다들 수다쟁이가 되기 때문이다. 친구들은 현민이에게서 원하는 반응이 나오지 않자 별다른 흥미를 보이지 않았다. 현민이는 또래에 비해 언어적 상호작용이 원활하지 않다 보니 친구들과 친밀하게 지낼 수 없었다. 친구들은 현민이가 놀이하는 수준이 다르다고 끼워주려고 하지도 않았다. 그러다 보니 현민이는 혼자 놀곤 했다.

무슨 내용인지도 모른 채 하루 종일 할머니와 텔레비전을 보는 현민이에게 언어발달을 기대하는 것은 무리였다. 언어발달의 필수조건인 문해환경이 매우 열악하다는 것을 알게 된 선생님은 그때부터 현민이에게 더 많은 책을 읽어주고, 보고 싶어 하거나 궁금해하는 내용에 대해서는 더 많이 반복해서 설명해주었다. 선생님은 현민이가 이해하고 있는지 현민이의 얼굴을 보고 확인해가면서 책을 읽거나 이야기를 나누었다.

현민이는 순하고 느린 기질의 아이인 데다가 자극이 많지 않은 상황에서 할머니와 같이 먹고 자는 것 외에 달리 활동을 하지 않다 보니 유치원에서도 활동이 많지 않았다.

친구들과 어울리는 시간도 적었다. 그래서 선생님은 현민이를 아이들 속에 어울리게 했다. 가을 무렵이 되자 현민이의 어휘 사용이 많아졌을 뿐 아니라 또래들 사이에서도 자신의 이야기를 하기 시작했다.

유치원에서는 선생님이 한명 한명에게 집중하면서 교실의 다양한 공간에서 놀이하는 유아들 곁으로 다가갈 수 있지만 초등학교에 입학하게 되면 개별적인 상황에서 보살피는 것은 사라진다. 현민이가 초등학교에 적응할 수 있을지 염려가 된 선생님은 어머니와 겨울방학을 앞두고 면담을 했다. 현민이는 만 5세반에 일 년 더 재원하기로 했다. 조금 느리더라도 현민이가 친구들과 함께 어울리는 것이 중요하다고 생각해서였다.

3월이 되자 한번 경험했던 기억 덕분인지 현민이는 활동을 모두 이해하고 대답도 잘하게 되었다. 리더가 된 현민이는 부쩍 발전된 모습을 보여주었다. 반복 경험 덕분에 충분히 이해하는 것은 물론 친구들에게 설명하는 것도 가능해진 현민이는 활발한 모습으로 변했다. 더 이상 친구들을 따라가지 못해 힘들어하는 모습을 보이지 않았다.

적응은 가만히
내버려두는 것으로
시작된다

소원이는 3월에 입학할 때부터 유난히 조용한 아이였다. 하루 종일 유심히 관찰하지 않으면 눈에 띄지 않았다. 소원이는 친구들과 어울리지 않고 혼자서 조용히 놀이를 즐기는 아이였다. 그런데 미술활동을 할 때 갑자기 두 손으로 귀를 막고 있었다.

"소원아, 왜 그래? 귀가 아프니? 속상한 일이 있어?"

소원이는 눈물이 그렁그렁한 눈으로 대답했다.

"선생님, 나 시끄러워서 집에 가고 싶어."

교실 안에서는 모든 아이들이 신나게 블록놀이, 소꿉놀이를 하고 있었다. 친구들은 모두 자신의 놀이를 하느라 분주했다. 소원이에게는 친구들의 이야기 소리와 블록이 부딪치는 소리가 소음으로 느껴졌던 것이다.

"소원아, 정말 그렇구나. 소원이 말을 듣고 보니 우리 교실이 시끄럽네. 그런데 지금은 아직 집에 가는 시간이 안 되었는데…… 긴 바늘이 12에 가고, 짧은 바늘도 12에 가야 우리가 집에 갈 수 있는데 아직은 짧은 바늘이 10을 가리키니까 친구들과 조금 더 놀이하고, 간식도 먹고, 바깥놀이도 한 다음에 집에 가자. 그런데 소원이가 너무 시끄러워서 놀이할 수 없으니까 선생님이랑 소원이가 조용한 놀이를 하자! 그러면 귀가 안 아플 것 같은데."

소원이는 말없이 책을 손가락으로 가리켰다.

"그래, 그럼 선생님이랑 조금 조용한 곳으로 가서 책을 함께 보자!"

선생님은 책보기 영역으로 가서, 소원이 등을 도닥이면서 책을 읽어주었다. 소원이는 섬세한 기질의 아이로 남동생이 생기면서 어머니의 손길이 어린 동생에게 가자 조금 더 예민해져 있었다. 그 바람에 유치원에서 보내는 시간도 힘들다고 느끼게 된 것이다.

소원이의 예민함은 여기서 끝나지 않았다. 소원이는 찰

흙놀이를 하는 날 또 울음을 터뜨렸다. 선생님은 아이들마다 찰흙놀이를 할 수 있도록 찰흙을 나누어주고, 작품을 만들어 말릴 수 있도록 찰흙판을 나누어주었다. 소원이는 찰흙놀이를 하고 싶다고 의자에 앉아놓고는 울먹였다.

"선생님, 더러워…… 나 이거 더러워서 못 만지겠어."

"소원아, 찰흙이 흙처럼 더러워서 만지기 싫어? 응? 그러면 소원이는 만지지 말고, 찰흙놀이는 하고 싶은 사람만 하게 하자. 소원이는 다른 놀이 중에서 하고 싶은 놀이가 무엇이 있는지 한번 살펴볼래?"

소원이는 찰흙을 만지려고 하지는 않았지만 친구들이 찰흙을 주물러서 공모양을 만들어 사람 얼굴이라고 자랑하고, 찰흙을 뚝 떼어 몸통을 만들고, 긴 다리를 만들어 붙이는 모습을 보면서 자신도 찰흙놀이를 하고 싶었는지 친구들 곁에서 떠나지 않았다.

"소원아, 혹시 다른 친구들처럼 블록놀이를 하고 싶은지, 소꿉놀이를 하고 싶은지, 아니면 책을 보고 싶은지 선생님에게 이야기해줘! 선생님은 다른 친구들이 책을 읽어달라고 해서 잠시 책을 읽어주고 있을 거야."

소원이는 "예"라고 하고는, 20분 이상 친구들의 찰흙놀이를 지켜보기만 했다.

그 다음 날에도 찰흙놀이가 이어졌다. 전날 찰흙놀이를 한 친구들 중에서 더 만들고 싶은 아이가 있었고, 어제 다른 놀이를 하느라 못했지만 꼭 찰흙놀이를 하고 싶다고 하는 아이들이 있었기 때문이다.

소원이는 찰흙판을 가지고 앉더니, 검지로 찰흙덩어리 한가운데를 꾹 누르고 있었다. 선생님은 손가락이 더러워져 기분이 안 좋으면 깨끗하게 닦아주려고 소원이의 행동을 지켜보고 있었다.

이번에는 소원이가 양쪽 검지로 더 세게 꾹 누르더니 주먹으로 쾅쾅 찰흙덩어리를 때렸다. 찰흙덩어리가 납작해지는 것이 싫지 않은지 소원이는 의자에서 엉덩이를 들고 온 힘을 다해 두 주먹으로 찰흙을 쾅쾅 내리쳤다. 그러다 손바닥으로 찰흙덩어리를 빈대떡처럼 납작하게 만들었다.

그런데 찰흙놀이에 집중하다 보니 긴팔 가디건 끝에 찰흙이 조금 묻었다.

갑자기 소원이가 날카로운 음성으로 다급하게 불렀다.

바로 곁에서 소원이를 지켜보던 선생님은 어떤 상황인지 알지만 태연하게 물었다.

"소원아, 선생님 여기 있어. 선생님이 소원이 도와줄 수 있는데, 어떤 것을 도와주면 좋겠니?"

"선생님, 더러워요. 내 옷에 찰흙이 묻었어요."

"응, 소원이 옷에 찰흙이 묻어서 기분이 안 좋아졌구나. 그러면 옷을 조금 올려주면 될까?"

선생님이 소매를 손목 위로 두 번 접어 올려주자, 소원이는 더 많이 접어달라고 했다.

더러운 찰흙도 싫고, 친구들이 내는 소음도 싫었던 소원이는 어느새 친구들과 함께 큰 소리로 친구의 이름을 불러가며 소꿉놀이를 하고 있었다. 모형과일을 도마 위에 놓고 자르면서 "탁탁탁" 칼질 소리를 입으로 내고 있었다. 친구들이 하는 찰흙놀이를 보고 자신도 어느새 그 놀이를 따라 하고 있었다. 어떤 상황에서도 강요하거나 권하지 않기, 소음이 가득한 교실환경에 조금씩 적응하게 도와주기. 그것만으로도 아이들을 변화시킬 수 있다.

맘대로 나라의 왕자님이
예절나라 왕자님이 되었대요

하루 24시간이 부족하게 살아가는 경훈이 어머니는 경훈이의 일정을 전혀 기억하지 못했다. 어쩌다 체험학습으로 유치원 하원 시간이 늦어지는 경우, 대부분의 어머니들은 하원시간을 정확하게 알고 유치원으로 마중을 왔지만 경훈이네는 언제나 예외였다.

경훈이의 유치원 생활은 경훈이 입장에서는 100퍼센트 만족스러웠을 것이다. 언제나 즐거운 표정으로 와서 친구들과 재미있게 놀이를 하고 갔다. 그런데 경훈이는 만 4세란 나이에 비해 일상생활 습관은 제대로 잡혀 있지 않았다. 급식을 먹을 때 시금치나 콩나물같이 먹고 싶지 않은 나물은 엄지와 검지로 집어서 다른 아이들의 식판에 던지려고 했다. 이를 눈치챈 아이들이 자신의 식판을 손바닥으로 가리면 책상 위에다 나물을 던져버리곤 했다. 뿐만 아니라 다른 친구의 식판에서 자신이 좋아하는 돈가스나 튀김, 소시지는 손가락으로 집어 얼른 자신의 식판으로 가지고 간다. 몇 번 자신의 식판에서 좋아하는 반찬을 뺏긴 친구들이 재빨리 식판을 두 손바닥으로 가려도 경훈이 앞에서는 소용이 없었다.

경훈이 부모님은 맞벌이로 이른 출근과 늦은 퇴근을 하고, 주말에도 근무를 하는 경우가 많았다. 그러다 보니 경훈이는 유치원에서 지내는 시간 외에는 이웃집에서 지내고 있었다. 자신을 돌봐주는 분을 큰엄마라고 부르면서, 그 집에 있는 대학생 형들과 함께 잠을 자는 날도 많았다. 다들 경훈이를 어리다고만 생각해 특별히 제재를 가하지 않았다. 덕분에 경훈이는 한두 살짜리 아기마냥 제멋대로 굴었다. 규칙을 전혀 지키지 않았고, 자신이 원하는 것은 주저하지 않고 가져왔다.

선생님은 경훈이의 급식예절부터 바로잡으려고 했다. 선생님은 경훈이를 옆에 앉도록 자리 배치를 한 뒤에, 반찬을 나눠주는 도우미가 되게 했다.

"경훈아, 선생님을 도와서 반찬을 나눠주는데, 선생님은 경훈이가 가장 좋아하는 반찬을 친구들에게 나눠줬으면 좋겠어."

그러다 보니 경훈이는 자신의 식판에만 돈가스를 두 개씩, 소시지는 다섯 개씩 담을 수 없었다. 모든 아이들은 자신이 나누어준 반찬을 친구들이 맛있게 먹는 걸 좋아했다. 경훈이도 마찬가지였다.

선생님은 해야 할 일을 빠뜨리는 버릇도 함께 고쳐나갔다. 등원할 때 신발장에 신발을 넣고 실내화로 바꾸어 신을 때, 경훈이는 교실에 빨리 들어가 놀이하고 싶은 마음에 실내화를 꺼내 신기만 하고 신발을 신발장에 가지런히 넣는 일은 자꾸 잊곤 했다. 선생님은 다른 유아들과는 교실 입구에서 아침 인사를 나누었지만 경훈이가 등원하는 시간에는 꼭 현관까지 마중을 나가 경훈이를 반갑게 맞이했다.

"어, 경훈이 신발에는 축구공이 그려져 있네. 그런데 축구공이 그려진 신발은 벗어서 어디에 놓아야 할까?"

선생님이 이렇게 물으면 경훈이는 어깨를 으쓱 하면서 신발장을 가리킨다.

선생님은 경훈이가 실내화를 갈아 신고, 신발장에 신발을 넣을 때까지 기다려주었다. 경훈이가 신발장에 신발을 넣고 정리하면 "경훈이가 신발장에 신발을 잘 정리해주어서 바깥놀이 나갈 때에는 얼른 신발을 바꾸어 신을 수 있겠네"라고 칭찬하는 말을 잊지 않았다. 하루에 한 걸음씩 걷다 보면 목적지에 도달한다. 3월달 등원하는 순간부터 시작된 예절교육은 5월달이 되면서 마무리되었다. 경훈이도 손가락으로 집어먹는 행동을 더 이상 하지 않았다.

질까봐 게임에 참가하지 못 하는 여섯 살 완벽주의자

만 5세반은 새롭게 유치원에 입학한 아이들이 적어서인지 4세반이 계속되는 느낌으로 3월을 맞이한다. 선생님 입장에서는 만 3세반과는 다른 평온함이 있는 반이지만, 예민하거나 섬세하거나 완벽주의 기질의 아이들 때문에 긴장의 끈을 늦추지는 못한다.

소영이는 늘 등원하면 자신이 원하는 놀이에만 집중한다. 다른 친구들과 함께하는 놀이보다는 혼자 오랫동안 집중해서 하는 놀이를 주로 한다. 이야기를 들려줄 때도 활동이 끝날 때까지 주의를 집중하기 위해 이름을 불러줄 필요가 없는 아이다. 자신이 흥미있는 상황에서는 돌처럼 움직이지 않는다. 선생님이 이야기할 때는 선생님의 입과 눈에 집중하고, 교구로 놀이할 때에는 교구만 바라보며 놀이를 끝낼 때까지 다른 곳은 쳐다보지도 않는다. 엉덩이가 가벼운 또래 아이들과는 구별되는 아이였다.

소영이와 씨앗으로 그림 만들기를 한다면 씨앗의 종류와 모양, 색깔, 씨앗이 성장한 이후의 잎이나 꽃, 열매까지 알게 해주어야 한다. 그런 다음에야 만들기를 시작하다 보니 한 가지 놀이를 하는 데도 무척 많은 시간을 필요로 했다.

그런데 5월쯤부터 소영이가 배가 아프다고 말했다. 선생님은 아침에 등원하는 소영이의 건강상태와 얼굴 표정을 더욱 유심히 살피기 시작했다. 월요일, 화요일, 수요일 아침에도 소영이는 기분 좋게 교실에 들어와서 평소처럼 긴 시간 놀이를 했다. 그날도 소영이는 여느 때와 마찬가지로 놀잇감을 정리하고 화장실에 다녀온 뒤 손을 씻고, 간식을 먹었다.

"가랑비가 내려서 바깥놀이터에 나갈 수 없네. 우리 유희실로 가는 게 어떨까."

아이들은 창밖에 내리는 비를 보면서 아쉬워했다. 그러나 곧 아이다운 쾌활함을 회복해 유희실로 향했다. 비나 눈이 오는 날에는 바깥놀이 대신 유희실에 가는 것이 일상이었기 때문이다.

선생님은 아이들에게 어떤 놀이를 할지 물었다. 아이들은 둘씩 짝을 지어 막대기로 공을 굴려 반환점을 돌아오는 게임을 하기로 했다.

"오늘 우리가 팀을 어떻게 짜는 게 좋을까?"

아이들이 저마다 대답을 하고 있을 때, 소영이가 갑자기 배가 아프다고 했다. 소영이는 유희실로 오면서도 어젯밤에 동생이랑 인형놀이를 재미있게 한 이야기를 친구에게 들려주며 깔깔대고 웃었다.

"소영아, 혹시 화장실에 다녀오고 싶니?"

"아니오. 화장실에 안 가고 저기 앉아서 친구들 게임하는 것 보고 있을래요."

"조금 쉬어볼까? 아니면 엄마께 전화를 드릴 만큼 아픈 거니?"

선생님은 소영이에게 다가가 미열은 없는지 소영이의 이마를 짚어보았다. 몸이 불편해 보이지는 않았지만 쉬게 해주었다.

선생님은 소영이를 쉴 수 있게 도와주고, 언제든지 배가 더 아프면 말해달라고 당부하였다. 게임을 하는 동안에 소영이를 살펴보면 먼저 들어오는 친구들을 보면서는 잘한다고 박수를 쳐주고, 늦게 들어오는 친구들에게는 어서 빨리 들어오라고 더 크게 박수를 쳐주고 있었다. 평소와 달라 보이지 않는 모습을 보면서 선생님은 배가 아프지 않아서 다행이라고 생각했다. 선생님은 유희실에서 교실로 돌아오는 동안 소영이의 손을 잡고 다시 물었다.

"소영아, 이젠 배가 아프지 않아?"

"예. 이젠 다 나았어요."

"그래? 정말 다행인데, 아까는 왜 배가 아팠을까? 그래도 소영이가 이제 배가 아프지 않다니 선생님도 기뻐."

선생님은 점심식사를 시작할 때 보니 메뉴에 돼지고기 동그랑땡이 있었다. 혹시나 소화가 안될 것 같아 소영이에게 물었다.

"소영아, 소영이가 돼지고기 동그랑땡을 좋아하지만 오늘은 또 배가 아플지도 모르니까 안 먹으면 좋겠는데, 소영이 생각은 어때?"

"아니오. 선생님. 나 돼지고기 동그랑땡 좋아하고요. 그리고 이젠 배가 하나도 안 아파요. 그리고 아까도 배가 조금만 아팠어요."

"그럼 다행이지만 그래도 소영아, 다른 친구들처럼 돼지고기 동그랑땡을 다섯 개 말고 세 개만 주어도 될까?"

"응. 그러면 우선 세 개만 주세요. 그리고 또 먹고 싶으면 그때 또 주세요."

조금 후에 소영이는 다 먹었다며 돼지고기 동그랑땡을 세 개 더 달라고 했다.

"대신 천천히, 꼭꼭 씹어 먹어야 해!"

그날 소영이는 더 이상 배가 아프지도 않았고, 여느 날처럼 남은 일과 동안에도 특별한 일 없이 잘 지내고 하원했다. 선생님은 소영이 어머니께 전화를 해 유치원에서 있었던 일을 이야기하고, 가정에서 유의할 점을 안내했다.

다음 날 등원한 소영이는 어젯밤에도 잘 자고, 아침식사도 맛있게 먹고 왔다고 했다. 5월 내내 선생님은 등원 때 소영이를 특별히 주의해서 살펴보았다. 소영이는 유치원 교실에 들어설 때 항상 밝은 얼굴로, 입술 끝이 올라가는 특유의 기분 좋은 표정을 보여주었다. 소영이는 빨간 장미

꽃이 활짝 피는 모양의 퍼즐을 맞추고, 또 다른 퍼즐도 계속 맞추었다. 그런데 오전 놀이를 마치고 바깥놀이를 하려는데, 아이들이 바깥놀이 대신 게임을 하자고 했다.

"팀 먹고 게임하는 게 재미있는데요! 오늘은 비가 안 와요. 오늘은 바깥놀이터에서 팀게임 해요."

"난초반 친구들은 오늘 바깥놀이터에서 게임을 하고 싶어? 오늘 바람이 조금 부는 것 같아서 바람개비를 만들려고 준비했거든요. 그러니까 바람개비를 만들어서 바람개비를 이용한 게임을 해볼까?"

아이들은 바람개비를 만들어서 먼저 들어오는 팀이 이기는 게임을 하자며 즉석에서 방법을 정했다.

그 순간 소영이가 옆으로 오더니 배가 아프다고 했다. 조금 전까지 잘 놀고 간식도 잘 먹던 아이가 배가 아프다고 하는 것도 이상했고, 원장선생님 방에서 쉬라고 해도 바깥놀이터에서 바람개비를 만들겠다고 고집을 부리는 것도 이상했다.

"소영아, 아픈데도 나갈 거야? 그럼 바람개비만 만들고 달리기는 하지 않고 쉬면서 친구들 게임하는 모습 볼래? 그렇지만 배가 아프면 바로 말해주어야 해."

아이들은 모두 돗자리나 나무의자에 앉아 바람개비를 만들었다. 선생님은 자신이 만든 바람개비를 들고 먼저 반환점을 돌아오면 이기는 것으로 게임 규칙을 알려주었다. 소영이는 친구들이 바람개비를 들고 바람을 맞으면서 달리는 모습을 흥미롭게 바라봤다. 처음 달린 친구부터 마지막에 달리는 친구까지 얼굴 표정 하나 찡그리지 않고 모두 박수를 치면서 응원하고 있었다.

그 순간 선생님은 소영이가 왜 배가 아픈지 알았다. 소영이는 상황 판단이 빠르고 친구들의 마음을 잘 헤아리는 아이였다. 소영이는 달리기나 높이뛰기같이 대근육을 움직이는 활동을 다른 친구들만큼 잘하지 않았다. 앉아서 스무고개를 하거나 칠교놀이를 하는 등 머리를 써서 하는 게임은 자신있지만 이번처럼 빨리 달려야 하는 게임에서는 자신 때문에 팀이 질지도 모른다고 생각했던 것이다.

선생님은 그날 이후 한동안 소영이를 위해 팀게임 내용을 바꾸었다. 물론 게임을 한다고 미리 말하지도 않았다. 게임을 하는 장소도 유희실과 바깥놀이터는 물론, 교실 안도 포함했다. 선생님은 그림책을 읽어준 다음 그 자리에서 두 줄로 나란히 앉도록 했다. 그러고는 숟가락을 나누어 주었다. 한 명씩 탁구공을 숟가락에 얹어 떨어뜨리지 않고 많이 옮기는 팀이 이기는 '숟가락 탁구공 옮기기' 게임을 했다. 다른 날은 한 번씩 순서대로 카드를 뒤집어보고 잘 기억했다가 자신이 잡은 카드와 같은 카드를 찾는 게임을 했다. 달리지도 않고 힘이 필요하지도 않는 게임들이었다.

보통 여자아이들보다 남자아이들이 게임을 좋아하고, 특히 남자아이들은 팀이 이기고 지는 상황에 무척 민감하게 반응한다. 그래서 게임을 할 때에는 팀을 구성할 때부터 모두가 흥분 상태가 된다. 대부분의 아이들은 친구들이 지닌 특성 때문에 팀이 이기고 질 수 있다는 걸 판단 못 하는데, 소영이는 그렇지 않았다. 자신의 행동으로 팀이 질 수도 있다는 것을 민감하게 알아차리고는, 게임에 참여하지 않으려고 배가 아프다고 꾀병을 부린 것이다. 이후 소영이는 몸으로 하는 게임도 자신이 팀에 도움이 된다는 것을 경험했다. 소영이는 팀의 우승에 도움이 되는 경험을 반복한 이후에는 더 이상 배가 아프다고 말하지 않았다.

소영이 같이 예민하고 영민한 아이들은 다른 아이들이 미처 못 느끼는 데서도 스트레스를 느낀다. 선생님은 소영이가 가진 지나친 걱정을 덜어주기 위해서 이후에도 많은 시도를 했다.

소리 지르고 땀 흘리면서
분노를 쏟아내는 이유

지수는 선생님이 가정환경조사서를 통해 아이를 파악하는 동안에 수십 가지의 궁금증을 가지게 한 아이였다.

'주의사항 : 아이가 유치원 밖으로 뛰어나갈 수 있으니 안전에 주의해달라.' 이렇게 기록된 것을 보며, 선생님은 '유치원 밖으로 뛰어나간다'는 것이 구체적으로 어떤 상황인지 궁금하기 짝이 없었다.

2층의 4세반 교실에서 지내는 지수는 늘 1층 유희실에서 놀이를 마치고 교실로 향할 때 더 놀이하고 싶다는 뜻을 온몸으로 표현하곤 했다. 하지만 선생님은 또래들과 함께 교실로 이동하게 했다. 수업시간을 지키는 것도 아이들이 지켜야 하는 약속이기 때문이었다.

어느 날, 만 4세반 친구들이 모두 교실에서 놀이를 시작하고 있을 때, 지수는 살짝 교실을 빠져나가 유희실로 향했다. 지수가 교실문을 여는 순간, 담임선생님과 그때 그 옆을 지나가던 원감선생님의 눈빛이 마주쳤다. 원감선생님은 담임선생님에게 지수를 따라가겠다고 눈빛으로 전했다.

"지수야, 어디에 가는 거야? 지수네 반 친구들은 어디에 있는데?"

원감선생님이 묻자, 지수는 손가락으로 1층 유희실을 가리킨 다음 다시 교실을 가리켰다.

"아, 지수야, 지수네 반 친구들은 교실에 있는데 지수는 유희실에 가는 거니? 그러면 개나리반 선생님께서는 지수가 유희실로 가는 것을 알고 계실까?"

지수는 고개를 저었다.

"그러면 지수가 유희실에 가고 있는 것을 개나리반 선생님께서는 모르시구나. 그럼 조금 있다가 선생님께서 지수가 어디 있나 궁금해하고 또 걱정도 하실 텐데, 어떡하지?"

지수는 다시 손가락으로 개나리반 교실을 가리켰다.

"그럼, 지수야, 개나리반 선생님께 지수가 유희실에서 조금만 놀다 올게요라고 말씀 드리고 가면 선생님이랑 친구들이 지수가 어디에 갔을까 걱정하지 않아도 되는데. 그러면 지수는 유희실에서 조금 놀다 갈 수도 있겠네. 참 좋은 생각이지?"

지수는 원감선생님의 손을 잡고 개나리반으로 향했다.

"나 갔다 올게요."

"어디를?"

"유희실이요."

"그럼 원감선생님이랑 가서 조금만 놀이하고 다시 원감선생님 손잡고 개나리반에 올 수 있겠어?"

지수는 고개를 끄덕이고는 유희실로 향했다. 유희실에 들어서자마자 지수는 큰 매트를 작은 몸으로 넘어뜨린 뒤, 발로 뻥뻥 차면서, "으씨" "으씨"라고 입으로 큰소리를 내었다. 분노에 휩싸인 소리를 지르며, 온몸이 땀으로 젖을 때까지 에너지를 쏟아내었다. 그날 이후에도 지수는 친구들이 블록놀이나 미술놀이를 하는 동안 선생님께 손가락으로 유희실을 가리켰다. 지수가 "선생님 나 갔다 올게요"라고 하면, 원감선생님이 지수를 따라가서 말없이 유희실 뒤에서 지수를 지켜보았다. 지수는 유희실에 가서 10~20분

정도 온몸의 힘을 다해 매트를 넘어뜨리고, 발로 차고, 입으로는 "으씨"를 반복했다. 4월부터 시작한 유희실에서의 발차기는 5월이 될 때까지 일주일에 세 번 이상 반복되었다. 그러다 6월이 되니, 유희실에 가는 날이 일주일에 한두 번으로 줄어들었다.

여름방학을 앞두고 어머니와 면담을 통해 알게 된 사실은 요즘 지수의 일상이 매우 평온해졌다는 것이다.

"지수가 어떤 아이로 성장하기를 원하세요?"

선생님의 질문에 지수 어머니는 눈물부터 쏟았다.

"우리 지수가 살아 있기만 하면 됩니다."

대부분의 만 4세 유아의 부모는 공부를 잘하는 아이, 인성이 바른 아이, 친구들과 잘 지내는 아이 등 자녀에 대해 많은 바람을 말한다. 지수 어머니가 한 말은 일반적인 상황에서 나온 말이 아니었다.

알고 보니 지수는 태아였을 때 장에 문제가 있어 신생아 때부터 수술을 받았다. 생후 백일까지 병원에서 입원치료를 받다 퇴원한 지수는 몸무게가 평균의 절반도 되지 않았다.

작고 마른 아이, 그리 건강하지 못한 아이로 자라면서 지수는 분노가 많아졌던 모양이다. 선생님은 지수의 행동, 그러니까 화풀이하듯 혼자 에너지를 발산하는 모습이 이해가 되었다. 수술과 치료 과정, 날카로운 주삿바늘, 쓰디쓴 약의 기억은 지수의 여섯 살 인생에 그늘을 드리웠던 것이다.

2학기를 맞은 지수는 부쩍 자라 있었다. 이제는 유희실을 지나쳐 교실로 곧장 들어갔다. 지수는 친구들 사이를 돌아다니며 신나게 노는 아이가 되어 있었다.

만 3~5세 유아들은 놀이를 할 수 있는 기회를 포착해 놀이활동을 즐긴다. 아이들은 놀이를 본능적으로 찾는데, 놀이 활동 과정 그 자체에서 즐거움을 얻기 때문이다. 아이들은 놀이를 통해 관계를 탐색하거나 자신의 감정을 표현하고 자신이 이해한 것을 표현하며 자신의 욕구를 충족시켜 나가기도 한다. 거친 놀이는 부정적인 감정을 긍정적인 감정으로 여과하는 기회를 제공한다. 거친 놀이를 통해 얻은 공격적인 행동을 조절하는 것 자체가 큰 능력이 될 수 있다.

'지수에게는 지금 간절히 발차기가 필요하다.'

이런 이유로 원감선생님과 선생님은 지수의 발차기를 말없이 응원했는지도 모른다.

놀기만 하는 유치원,
무엇을 배울까요?

유치원은 전과정이 놀이로 배우게 되어 있다.
아이들에게 "지금 공부한 거야? 놀이한 거야?"라고
물었을 때, 같은 활동이라도 스스로가 시작했을 때는
놀았다고 하고, 선생님이 주도했을 때는
공부한 거라고 대답한다. 아이들 주도로 활동할 때
과정중심으로 몰입이 일어난다.

세심한 관찰을 통해 나만의 색을 만드는 미술시간

학기 초에 아이들이 그림을 그리면, 주변에서 늘 보는 것들 중심으로 그린다. 꽃도 그리고 집도 그리고 가족도 그린다. 어떤 그림을 그리든 항상 하늘과 구름, 해님을 빼뜨리지 않는다. 아이들은 자신이 좋아하는 사물은 어울리는 상황이 아닌데도 꼭 그려 넣는다. 특히 하늘은 배경으로 꼭 들어간다. 항상 하늘색 크레용이나 물감이 필요할 수밖에 없다. 그런데 하늘은 어떤 모습일까?

아이들과 바깥놀이를 나가면, 모두 머리를 뒤로 젖히고 하늘부터 바라보게 한다. 청명하게 펼쳐진 파란 하늘도 만나지만 장마철 잠시 비가 그친 순간 나타나는 쨍 하게 맑은 하늘, 비가 오지 않지만 습기를 머금은 회색빛 하늘…… 하늘의 모습과 색은 늘 다르다.

그런데 아이들이 가진 크레용에는 하늘색이 딱 하나밖에 없다. 아이들은 하늘색 크레용으로 자신이 본 하늘을 그릴 수 없다는 것을 발견한다.

"크레용이 뭐 이러냐? 하늘색은 하나가 아니고 많은데, 크레용 하늘색은 하나밖에 없고……"

영훈이는 하늘색 크레용으로 하늘을 북북 칠하다가 혼잣말을 한다. 영훈이는 잠시 머뭇거리다가 회색 크레용을 들고 반대편 하늘을 칠하기 시작했다.

장마철이 끝나고 본격적인 여름이 시작되었기에 영훈이가 매일 본 하늘은 변화무쌍했다. 영훈이는 회색과 하늘색으로 그리던 하늘에 노란색과 주황색 크레용으로 덧칠을 하기도 했다. 다른 아이들도 크레용의 하늘색이 더 필요하다고 투덜거리기는 마찬가지다.

"우리가 본 하늘색을 다 칠할 수 없어요."

크레용으로도 물감으로도 자신들이 본 하늘에 맞는 색을 찾을 수 없다는 것을 발견한 아이들은 입을 모아 말했다. 하늘색 크레용은 엉터리라서 진짜 하늘을 칠하려면 더 좋은 크레용을 사야 한다고.

"많은 색이 있는 크레용을 사면 하늘색이 다 있을까요?" 선생님의 질문에 잠시 고개를 갸웃한 아이들은 이미 결론을 내리고 도전을 시작한다. 자신들이 색을 만들기로.

아이들은 흐린 날, 비가 갠 날, 눈이 내리는 날, 뙤약볕이 내리쬐는 날…… 고개를 뒤로 젖히고 본 하늘이 모두 다른 색과 모습이었다는 것을 기억해내고는 그것을 어떻게 표현할까 한동안 고민하다 '색색깔'의 크레용을 집어든다.

옆모습과 앞모습을 관찰하게 하면 훌륭한 인물화가 나오고, 하늘을 관찰하게 하면 피카소에 버금가는 색체감각을 가진 추상화가 나온다. "이렇게 그려라"라고 말하지 않고, 본 것을 어떻게 표현할까 스스로 생각하게 하는 것이 진정한 미술교육이 아닐까. 아이들은 낙엽을 주워 자신들이 원하는 아름다운 그림을 완성하기도 하고, 수수깡으로 살고 싶은 집이나 동네를 만들기도 한다. 어른이 보기에 서툴지만 어린 예술가들은 사뭇 진지하게 작품활동을 한다. 순전히 내 마음대로!

말놀이를 통해
통문자로 한글 익히기

아이들이 한글을 잘 모를 때, 유치원에서는 한글 익히기의 첫 단계로 통글자로 익히게 한다. 자신이 좋아하는 과자나 사탕, 로봇, 공룡 이름 등을 잘 읽는 것에 착안한 방법이다. 발음도 어려운 코엘로피시스, 플라테오사우루스, 헤레라사우루스는 공룡 이름들이다. 선생님들은 한글을 잘 알고 있으면서도 공룡 이름을 읽을 때 머뭇거리게 된다. 그런데 공룡을 좋아하는 유치원 아이들은 첫 글자만 보고도 정확하게 술술 잘도 읽는다.

선생님과 함께 하는 말놀이는 통글자로 단어를 익히는데 아주 유용하다. '가나다라…… 거너더러'를 배우는 것보다 '가' 자로 시작하는 우리 주변에 있는 물건 이름 찾아보기를 한다.

"가가 가 자로 시작하는 말?"

선생님 말이 떨어지기가 무섭게 가방, 가위, 가지, 가을, 가랑비라고 아이들이 외치기 시작한다. '나' 자로 시작하는 나비, '다' 자로 시작하는 다람쥐, '라' 자로 시작하는 라일락꽃, '마' 자로 시작하는 마차, '바' 자로 시작하는 바위, '사' 자로 시작하는 사슴…… 주변에서 보고 경험한 사물과 글자를 연결하면 아이들은 금방 기억한다.

선생님은 우선 아이들이 흥미를 느끼는 물건이나 음식, 장소, 상황 등을 글자와 연결짓도록 한다. 글자카드를 이용해 책상에다 '책상'이란 글자카드를 붙이는 게임을 한다.

한편으로는 어린 아이들의 문해환경에 대해서도 신경을 쓴다. 문자를 많이 경험하게 하고, 동시같이 아름답고 재미있는 글들을 읽어준다. 몇 번 읽다 보면 아이들은 동시를 금방 외우게 된다. 또 선생님은 아이들이 써서 게시판에 붙여놓은 편지나 카드를 읽어주기도 한다. 선생님은 교실 전체를 아이들이 글자를 익히기 좋은 환경으로 만들어놓는다.

생각과 감정을 표현하는
다양한 방법 익히기

　자신의 생각을 표현하는 것은 무엇보다 중요하다. 유치원에 온 아이들은 무엇인가 그리는 것을 좋아한다. 연필과 종이만 있으면 고개를 숙이고 무엇인가 그리고 있다. 그림은 글자를 모르는 아이들이 할 수 있는 가장 간단한 자기표현 방법이기도 하다.

　자기표현 방법은 연령에 따라서 달라진다. 어린 아이들은 음악을 듣거나 맛있는 음식을 먹을 때, 또 자신이 좋아하는 사람을 만났을 때 엉덩이춤을 추거나 온몸을 들썩이며, 얼굴 가득 신나는 표정을 짓는 것으로 감정을 표현한다. 그렇지만 이렇게 기분 좋은 순간은 금방 지나가 버린다. 그런데 유치원에 온 다음 작은 그림 하나를 그리면, 선생님이 관심 있게 지켜보다가 말을 해준다. 그러면 그림으로 인해 기쁨이 하나 생긴다.

"민지가 빨간 크레용으로 동그라미를 그렸네!"

그러면 민지는 으쓱 뽐내며 자신이 생각한 이야기를 들려준다.

"선생님! 이건 해님이야. 그런데 해님이가 우리집에 같이 가자고 그래서 내가 유치원 끝나고 집에 갈 때 우리집에 데리고 갈 거야!"

선생님은 빨간 동그라미 옆에다 조금 전에 한 민지의 말을 놓치지 않고 모두 글자로 써준다. 그런 다음 쓴 글을 한 자 한 자 짚고 읽어주면서 민지가 이야기한 내용을 말로 표현해준다.

민지는 이때부터 동그라미를 그리거나 세모랑 네모를 더해서 집 한 채를 그리고 나서 선생님을 부른다. 다른 아이들도 여기저기서 그림을 그려놓고 선생님을 부른다.

"선생님 우리집이야. 그런데 집 안에는 민지도 있고, 민지 동생 민경이가 있는데, 민경이는 미워! 왜냐하면 민지가 그리는 그림도 찢어버리고 엄마가 민경이만 안아주니까! 민경이 미워!"

세모와 네모를 그렸을 뿐인데 민지는 마음속에 있던 속 상함을 쏟아낸다. 그러면 선생님은 민지의 이야기를 빠짐 없이 받아 적어준다.

아이들은 자신이 그림을 그리면서 생각한 이야기를 선생 님이 받아 적은 다음 읽어주는 것을 통해 이야기가 글이 되 고, 다시 이야기로 변하는 것을 알게 된다. 아이들은 다음 에는 친구에게 하고 싶은 이야기도 적어달라고 말한다.

"선생님 나는 현수가 내 생일에 우리집에 왔으면 좋겠어. 우리집에 초대할 거라고 카드를 만들었어."

민지는 잡지에서 오린 빨강 꽃병을 풀로 붙인 하얀색 도 화지를 가지고 온다. 민지는 카드를 선생님께 내밀면서 현 수에게 하고 싶은 말을 한다. 자신이 글을 쓸 수는 없지만 선생님에게 와서 말하면, 자신의 이야기가 모두 글이 된다 는 것을 알기 때문이다. 민지는 이 초대장을 현수에게 주면 서 다시 선생님을 부른다. 선생님은 현수에게 다가가 민지 가 보낸 초대장의 내용을 읽어준다. 말이 글이 되고 다시 글이 말이 되는 경험을 하는 동안 아이들은 서서히 글에 대 한 매력에 빠진다.

글은 자신의 마음을 구구절절, 명료하게 담을 수 있기 때문이다. 나이가 많은 형님반이 되어서는 자신이 하고 싶은 말을 형식을 갖춰 쓰는 법을 배우게 된다.

편지를 쓸 때는 받는 사람을 먼저 쓰고, 인사를 한 다음에 자신이 하고 싶은 말을 쓰고, 편지를 끝낼 때는 다시 인사를 하고, 보내는 사람의 이름을 적는다고 알려준다. 아이들은 편지글 형식을 배우면서 말을 할 때에도 순서와 형식이 있다는 것을 알게 된다. 그래서인지 이때쯤 되면 두서없이 말하는 것도 서서히 줄어든다.

유치원에 처음 온 아이들은 누구나 그림 그리기, 글쓰기 과정을 거치면서 자신의 생각을 표현하는 방법을 익혀나간다. 그림 그리기와 글쓰기를 싫어하는 아이는 없다. 글씨를 몰라서 안타까워하는 경우는 간혹 있다.

유치원 교실에서 자신의 생각을 표현하는 수단으로 글씨는 언제 어디서나 쓰인다. 너무 많은 상황에서 글씨가 필요하다. 가게놀이를 할 때 사장님이 된 아이는 물건을 많이 팔기 위해 전략을 세워야 한다. 이때 '1+1 세일'을 해서 손님이 가게에 많이 오게 하려면 '세일 무엇이든 1+1'이라는 단어는 써야 한다. 돈도 만들고, 가게 장부도 만들고. 마일리지 카드를 만들려면 파는 물건의 이름이나 친구의 이름을 적을 수 있어야 한다.

글로 마음을 표현하는 이유는 마음은 자꾸만 변해서 글로 붙잡아두어야 하기 때문이다. 친구에게 하고 싶은 이야기는 그때그때 머릿속에서 사라진다. 친구에게 말로 하던 자신의 이야기를 카드와 편지로 전하기 위해서는 한 글자씩 써나가야 한다. 선생님이 읽어주는 것을 듣다 보면, 음절만큼 글자 수가 필요하다는 것을 깨닫게 된다. 한 글자한 글자 힘을 주어 읽으면서 음절의 개념을 읽힌다. 아이들이 생각하기에 글씨는 누가 보더라도 똑같이 읽어서 항상자신의 생각과 마음을 담을 수 있는 좋은 것이다. 이런 깨달음을 얻은 아이는 한글을 단숨에 떼어버린다.

가끔은 선생님에게 사랑고백을 하기 위해 카드를 쓰면서도 선생님에게 글을 알려달라고 말하면 비밀이 새어 나갈까봐 그림으로 그려서 전해주는 경우도 있다. 하트 한 개, 혹은 세 개를 그려서 주는 날도 많다. 하트가 그려진 러브레터와 구깃구깃 접은 색종이를 테이프로 선생님 가슴에 붙여주는 3세반 아이들. 아이들은 자신을 표현하기 위해서 그림을 그리고, 글자를 익혀간다. 무엇보다 자신의 마음을 표현하는 것이 얼마나 필요한 것인지를 깨달아간다.

종알종알 끊임없이
말을 하면서 키우는
종합적 언어능력

아이들의 언어능력 계발은 대부분 유치원에서 일어난다. 언어계발의 절정 또한 유치원에서 맞이한다. 초등학교와 중학교 고등학교에서와는 계발양상이 다르다. 유치원 때는 선생님과 말하기를 통해서 배우기 때문에 습득이 폭발적으로 빠르다. 초등학교나 중학교 때는 선생님, 부모와의 거리가 멀어지는 만큼 계발도 느리다.

우리말을 제대로 배우려고 하면 어렵기 짝이 없다. 세종대왕님이 만든 글자인 한글은 30분 만에 다 배울 수 있지만 말은 다르다. 우리나라 말은 여간 어렵지 않다, '꽤 예쁘다' '반드시 해야 한다'는 말은 자연스럽지만 '여간 어렵다', '꽤 예쁘지 않다' '반드시 하지 말아야 한다'는 말은 어딘지 어색하다. 이럴 때는 '아주 예쁘지 않다' '절대로 하지 말아야 한다'로 쓴다. 어른들도 헷갈리는 우리말은 어려서부터 정확하게 쓰는 버릇을 들여야만 익힐 수 있다.

'안 예쁘다' '못 먹는다' 같은 부정문을 만들 때도 마찬가지다. '못 예쁘다'는 하지 않는다. '너 먹어' '너는 먹어' '너만 먹어'는 뜻이 모두 차이가 난다. 말을 익히는 것은 글자를 익히는 것 이상의 양질의 문해환경이 필요하다. 선생님은 아이들에게 같은 말을 다양한 뉘앙스의 차이를 줘서 말한다. "아주 예쁘구나!"라고 했다가 "아주 많이 예쁘구나!"라고 하기도 한다.

선생님의 가르치기 전략은 아이들에게 질문을 많이 해서 말을 많이 하게 만드는 것이다. 선생님이 하는 말을 잘 들으면 질문에 대한 답이 나와 있다. 그리고 선생님은 아이가 한 말을 따라하곤 하는데, 그때 틀린 표현이 있으면 정확한 표현으로 말을 바꿔서 해준다. 어른들이 보기에 유치원 선생님의 말하기 방법은 무척이나 독특하다. 늘 했던 말을 반복하는 것처럼 보이기 때문이다.

선생님은 또 만 3세반에서 하는 말이 다르고, 만 5세반에서 하는 말이 다르다. 만 3세반에서는 "이 쿠키 맛있어. 그래서 더 먹고 싶어져!"라고 짧게 끊어서 말한다. 그러나 만 5세반에서는 "이 쿠키는 맛있어서 먹을수록 더 먹고 싶어져요!"라고 문장을 길게 이어준다.

아이들의 언어능력 계발은 유치원에서 보고 겪은 것을 집에서 말하는 것에서부터 시작한다. 아이들은 유치원에서 일어난 일을 자신의 언어로 바꿔서 말한다. 그 과정에서 새롭게 습득한 단어나 문장을 자기 것으로 한다. 가정이란 울타리를 벗어난 3세반 유아를 예를 들면, 유치원에서는 선생님과 친구들에게 다르게 말해야 한다고 느낀다. 친구들에게는 "이거 내 거야!" "나하고 이거 할래?" 같이 종결어미가 짧고 간단하게 끝나는 반말을 한다. 물론 선생님에게 처음에는 "이거 내 거야!" "선생님, 선생님, 이거 나하고 할래?" 처럼 친구에게 말하듯이 한다.

이럴 때 빨리 아이의 말을 지적하거나 교정해주어야 할까? 구태여 그렇게 하지 않아도 된다. 친구들 중에서 한두 명은 존댓말을 쓰는 아이가 있을 것이고, 그러다 보면 저절로 바뀌어간다. 이렇게 반복되는 일과 속에서 천천히 말하는 법을 익혀가는 것이다.

만 5세쯤 되면 어떤 아이들은 웬만한 어른보다 풍부한 어휘력과 어휘 활용력을 보여준다. 아이들이 말을 배우는 과정은 단순하다. 여러 부분에서 반복적으로 일어나기 때문에 아이들은 가르쳐주지 않아도 자연스럽게 깨우쳐가는 것이다. 그 과정에서 시행착오를 겪기도 하지만 그 또한 곧 수정된다.

선생님에게 두 손을 벌리고 뛰어오면서 "나 선생님에게 간다요!"라고 소리치는 3세반 아이들. 다른 친구들이 선생님께는 '요'를 붙여서 말하는 것을 보고는 자신의 말에도 한번 적용해본 것이다. 물론 5세반 아이들은 "나 간다요"라고 하지 않고, "선생님, 제가 갈게요"라고 깍듯이 말한다. 초등학교 저학년들에게서도 간혹 보이는 '한다요' 체는 이렇게 유치원에서 탄생된 듯하다.

이 시기 아이들의 말 선생님은 유치원 담임선생님이다. 말을 배우는 데 선생님의 영향력은 절대적이다. 아이들은 자신의 세계에 빠져서 놀이를 하다가 선생님이 자신들 곁에 다가가면 문득 묻는다.

"선생님 이거 뭐게요?"

느닷없이 묻는 말에 선생님은 잠깐 생각하다 아이들이 정성껏 만들고 있는 건축물을 보면서 대답한다.

"와, 빨간색 블록하고 파란색 블록으로 우리 선영이가 멋지게 만들고 있는 것은 무엇일까? 진짜 궁금한데?"

선생님은 선영이의 기분에 맞춰 궁금하다는 듯이 답한다. "멋진 성인 것 같은데, 긴 도로를 만들고 있나 보네, 동물원을 만들고 있니?"라고 말하지 않는다. 왜냐하면 선생님이 첫 번째 대답을 하면 선영이는 선생님이 궁금해하므로 자신이 만들고 있는 것에 대해서 설명해야 한다. 선생님이 두 번째 대답을 하면 선영이는 '예' '아니오'로 짧게 대답할 수도 있다. 그렇기 때문에 선생님은 첫 번째 같은 대답을 해서 꼬리에 꼬리를 물고 말을 하도록 유도한다.

선생님의 질문에 으쓱해진 선영이는 그때부터 갑자기 자신의 생각과 자신이 만든 건축물에 대하여 긴 설명을 늘어놓는다. 가끔은 선영이의 말이 너무 길어질 경우 옆에 있던 아이들이 "나도 좀 선생님하고 말하자"라고 실랑이를 벌이기도 한다.

"선생님, 여기 앞은 대문인데요. 앞으로는 주인이 들어가고요, 손님은 옆문으로만 들어올 수 있어요. 그런데 주인이 앞문을 열어놓으면 손님도 앞문으로 들어올 수 있는데요. 선생님은 특별히 앞문으로 언제든지 들어올 수 있어요. 내가 특별하게 선생님만 그렇게 해주는 거예요."

"선생님, 여기는 동물원인데요. 여기는 사자랑 사슴이랑 친구라서 같이 있는 거예요. 그런데 바닥을 기어다니기만 하는 뱀한테 사자랑 사슴이 기어다니면 힘드니까 내가 업어줄게 내 등에 타라고 이야기하면 뱀은 사슴한테 가서 떨어지지 않게 뿔을 감아요. 그러면 먼 길을 금방 갈 수 있어요. 그리고 사슴이 뱀이 무겁다고 하면 사자도 뱀을 등에 태워주니까 하나도 힘들지 않아요."

선생님은 아이들이 엉터리 같은 말을 하더라도 아이들의 사고체계를 존중해준다. 아이들은 인지적으로 동물의 생태계를 파악해서 먹이사슬을 알게 되기까지는 모든 동물들이 서로 친구가 될 수 있다고 믿는다. 유치원에 와서 친구가 많아진 아이들은 친구랑 신나게 놀면서 친구가 많으면 많을수록 좋다고 생각하게 되었다. 친구끼리 서로 도움을 주고받으면 더욱 기쁘다는 것을 알게 되었기 때문이다.

아이들이 선생님께 쏟아내는 말은 틀려도 그만이다. 무수히 많이 틀리게 말하면서, 그러나 신나게 말하면서 아이들은 우리말을 습득해 나간다.

말을 배울 때 가장 좋은 환경은 옆에서 누군가 공감적으로 대응해주는 것이다. 이런 과정이 없다면 아이들의 언어 습득은 느리고 단편적일 수밖에 없다. 그러다 보면 사고체계 또한 더디게 발달한다. 거동이 불편하거나 귀가 잘 들리지 않는, 연세가 많으신 할머니들과 자라는 아이들이 대체적으로 언어습득 능력과 사고력이 떨어지는데, 이는 외부로부터 적절한 자극이 없기 때문이다.

아이들이 언어적 표현력을 키워야 하는 또 다른 이유는 언어능력이 떨어지면 오해를 받기 쉽기 때문이다.

모래놀이를 좋아하는 동수는 오전에 50분 동안 바깥놀이를 하면 모래놀이터에 있는 작은 의자에 앉는다. 동수는 집을 짓고 여러 개의 도로를 만드느라 모래놀이터의 반을 차지하고 마음껏 자신의 세계를 건설한다. 그런데 어머니는 동수의 신발이 유난히 마음에 걸렸던 모양이다.

"선생님, 운동화도 있고 샌들도 있는데요…… 아직도 저렇게 겨울 부츠를 신겠다고 해서요……"

4월도 초순을 넘겨 햇볕이 머리 꼭대기에서 익어가다 보니, 겨울 신발에 눈길이 안 갈 수 없었다. 그런데 바깥놀이 터에서 모래놀이에 열중하는 동수만 보면 겨울부츠를 신은 모습이 전혀 이상해 보이지 않았다.

그래도 따뜻한 날씨라 동수에게 발이 덥지는 않은지 물어보았다.

"신발 속에 모래가 들어가지 않아서 좋아요. 나는 신발 안에 '땅'이 들어오면 싫어요."

흙과 땅을 구별하지 못했지만 무슨 말을 하려고 하는지 의도는 충분히 파악되었다.

다음 날 동수는 선생님이 읽어주는 과학 동화책을 친구들과 함께 보았다. 바위가 돌덩이가 되고, 돌덩이가 돌멩이, 그리고 돌멩이가 흙이 되는 과정이 담겨 있었다. 또 흙이 많이 모인 땅에 씨앗이 파고들어 가고 빗물도 스며들어가서 열매가 열리기도 했다.

그날 이후부터 동수는 "발에 흙이 들어오면 싫다"라고 얼굴까지 찡그려 가면서 말했다. 역시 동수는 신나게 모래놀이를 하기 위해서 일부러 겨울 부츠를 선택한 것이었다. 그 사실을 안 어머니는 5월이 되자마자 동수에게 샌들을 신겨 주었다. 샌들은 모래가 들어가도 얼른 털어낼 수 있어서 동수 마음에 들었다.

유치원에서 배우는 거의 대부분의 것들은 언어를 통해서 전달된다. 언어습득은 유치원 교육의 가장 중요한 부분이라고 해도 과언이 아니다. 어떤 아이들은 말하는 것을 부끄러워하지만 선생님과 친구들의 도움으로 점차 언어능력을 갖춰나가게 된다.

유치원에서 벗어나서 다른 세상을 경험하는 체험학습

'다양한 경험을 하게 해주세요.'

가정에서는 유치원에다 재미있는 체험학습을 하게 해달라고 한다. 아이들에게 다양하면서도 적절한 체험을 해주는 것이 어렵기 때문이다. 힘들게 식물원이나 박물관에 데리고 가도 아이들은 시큰둥한 반응을 보이기 일쑤다.

그러다 보니 유치원에서는 유아들이 흥미를 가지는 주제에 대해 다양한 체험학습을 계획한다. 유치원에서는 하나부터 열까지 그 과정을 모두 느끼게 하는 체험 위주의 학습으로 계획한다. 다양한 관점으로 들여다볼 수 있는 김장체험을 하려면 몇 달 전부터 준비해야 한다. 유치원에서 많이 하는 체험학습 중 하나는 김장이다. 채소류 절임식품, 채소류 발효식품은 다른 나라에도 많지만 채소가 없는 겨울을 준비하는 '김장'이라는 문화는 우리나라에만 있다. 김장은 유네스코 문화유산으로도 등재되어 있다. 또한 김치는 우리나라 대표음식으로 늘 식탁에 오르는 친근한 음식이다.

김장체험은 농장체험부터 시작한다. 배추씨를 뿌리고, 땅에서 잎이 하나둘씩 나는 시기에 농장체험을 한다. 농장에 가기 전에는 다양한 식물의 씨앗을 관찰하고, 씨앗에서 싹이 나면 어떤 잎이 나고, 싹은 어떤 식물로 성장하는지에 대해서 공부한다. 이를 위해 씨앗과 모종, 그리고 다 자란 상추, 배추 등을 짝지어 볼 수 있도록 준비해준다. 돋보기로 새싹을 관찰하고, 잎맥을 그려보기도 하고, 급식을 먹을 때 반찬으로 나온 김치의 모양을 유심히 관찰하게도 한다. 급식을 먹을 때는 김치를 좋아하지 않는 아이들이 많지만 이때만은 호기심을 가진다. 그런 다음 늦가을이 되면 배추밭에 체험학습을 가 커다란 배추를 한 포기씩 뽑아보기도 한다. 김장은 뽑은 배추를 유치원에 가지고 온 순간부터 시작된다. 아이들에게 겉잎을 다듬고, 소금에 절이는 모습을 보여준다. 다음 날 아이들이 등원하면 본격적으로 소매를 걷어붙이고 김장을 담그기 시작한다. 무채와 양념을 넣고 버무린 속을 배추의 잎 사이로 켜켜이 넣으면서도 아이들은 자신이 늘 식탁에서 보던 김치가 아니라고 생각한다. 아이들과 함께 담근 김장은 양이 적어 그해 겨울 동안 계속 먹을 수 있는 분량은 물론 아니다. 그렇지만 아이들은 김장을 담근 이후 유치원에서 먹는 김치는 모두 자신들이 뽑은 배추에다 속을 넣고 만든 김장이라고 생각한다. 그날 이후 아이들은 급식을 먹을 때마다 김치에 대한 애정을 듬뿍 느낀다. 김치를 만들고 잘 먹는 자신에 대해서도 자랑스러워한다.

봄에는 토마토에 대한 그림책을 읽고, 토마토의 겉면을 관찰하고, 가운데를 반으로 잘라 토마토 씨와 토마토의 부드러운 속을 만져본다. 토마토 모종을 심어 토마토를 키우면서 토마토가 익으면 토마토를 따보는 체험을 하기도 한다. 토마토가 건강에 도움이 된다는 이야기를 듣고, 토마토를 직접 재배도 한 덕분에 유난히 좋아하지 않던 토마토 간식을 즐기게 된 아이도 많다.

유치원 체험학습은 다양한 곳에서 진행된다. 배추, 고구

마, 토마토 같은 채소밭과 딸기밭, 사과나 배 같은 과수원 체험은 물론, 아이들과 익숙한 동네 이곳저곳도 체험학습 현장으로 활용한다. 우체국, 은행, 카센터, 동네마트, 문방구뿐 아니라 과학관, 박물관 등도 그 대상이 된다.

인형극이나 연극을 관람할 때도 있는데, 그런 때는 관람 매너, 무대 뒤 모습, 내용 등을 먼저 알아본다. 연극이 시작되기 전에는 모든 불이 꺼져서 깜깜한데, 그 이유는 무대 배경을 준비하고 주인공이 등장할 준비를 하기 위해서라고 말해준다. 깜깜해지면 무서울 수도 있으니까 친구의 손을 잡으면 된다고 일러주기도 한다. 그리고 연극이 끝나면 배우들을 위해 힘껏 박수를 치는 것이 예절이라고 말해준다. 아이들은 연극을 관람하면서 연극을 볼 때 지켜야 하는 많은 약속도 함께 배우는 것이다. 공공장소에선 떠들지 말고, 뛰어다니지 말라고 야단을 치는 것보다 제대로 된 체험학습을 하면서 예의를 익히는 게 훨씬 낫다. 이 또한 보다 깊은 체험학습이 필요한 이유가 된다.

유치원에서
초등학교 수학교과서 개념을
공부할 수도 있을까?

난초반 아이들은 역할놀이를 하는 동안 다양한 문제에 부닥치고 이를 해결하게 된다. 다양한 문제 중에는 초등학교 수학교과서 수준의 문제도 등장한다. 동물원에서 동물을 관람하다 아이스크림을 사기 위해 아이스크림 값을 계산한다. 가짜돈을 들고 있는 아이들은 이 계산이 실제 계산처럼 답이 있다는 것을 알게 된다.

"이 아이스크림 얼마예요?"

"우리 가족은 세 명이니까 세 개를 주세요."

세원이가 아이스크림 세 개를 드는 흉내를 내면서, 가짜돈 만 원을 내민다.

가게 주인은 덧셈을 하든 곱셈을 하든 계산을 해야 한다.

신기한 것은 아이들은 숫자 계산은 잘 못하면서도 돈계산은 아주 잘한다는 것이다.

또 가게놀이를 하면서 아이들은 10원과 100원, 1000원짜리 돈을 만들고 숫자를 써야 하는 상황이 발생한다.

수민이와 세원이는 지나가는 영준이에게 물건을 사라고 소리친다.

"아주 싸요."

"이거(가방을 가리키며) 얼마예요?"

수민이와 세원이는 영준이를 잠깐 세워놓고, 사인펜과 종이를 가져와서 숫자 2000을 적는다. 수민이와 세원이는 물건값을 알려주기 위해서 숫자를 적어야 하고, 그것을 읽을 줄 알아야 한다.

다른 아이들은 수민이를 보면서 자신들도 물건의 가격을 따라서 적는다. 1000원, 100원, 1500원…… 수를 배운다는 것은 숫자 인식, 숫자 읽기. 숫자쓰기를 포함하고 있다. 아이들은 가게놀이를 하면서 대부분 천, 만, 십만 등 큰 수도 쉽게 익히고 쓴다. 10만1천 원을 1000001000원으로 쓰지 않고 101000원으로 쓰는 것도 익힌다.

우체국 놀이를 하면서 돈을 만들던 아이들 중에서 "1천 원은 어떻게 써?"라고 누가 묻는다면 "100원은 1을 쓰고 동그라미 두 개를 붙이니까 천 원은 1을 쓰고 동그라미 세 개를 붙어야 해"라고 다른 누군가가 대답한다.

우체국놀이든 가게놀이든 놀이를 할 때는 시끌벅적하다. 하지만 이 과정에서 아이들은 자신에게 필요한 소리들을 알아듣는다. 고도의 집중력을 발휘했다는 뜻이다.

아이들은 놀이하는 동안 그림이나 글자 등으로 의사소통하는 것과 마찬가지로 숫자를 자연스럽게 익힌다. 혼자서 하지 못할 때는 친구의 도움을 받아서 하게 된다. 집에서 학습지를 통해 혼자 배울 때보다 훨씬 빨리 배우는 것은 물론이다.

쌓기 영역을 통해
공간 개념 이해하기

쌓기 영역은 도형 및 공간과 관련된 수학적 학습이 가장 빈번하게 일어나는 영역이다. 만 5세반 아이들은 블록놀이를 하는 게 아니라 블록을 쌓아 높이를 비교하거나 넓이를 비교하는 측정경험을 한다. 더 길다, 더 짧다를 비교하고 직사각형과 정사각형을 만들어 몇 개의 블록을 이용했는지를 세어서 넓이를 비교하기도 한다. 또한 가로세로의 길이가 같다는 정사각형의 개념도 알아간다.

아이들은 블록의 수를 확인하는 과정에서 수 세기를 한다. 삼각뿔, 사각뿔 형태로 쌓은 뒤 위에서 본 모양, 아래서 본 모양, 옆에서 본 모양을 비교하기도 한다. 이렇게 모양을 다른 방향에서 관찰하다 보면 도형의 개념도 익히게 된다. 또한 관찰하는 과정에서 머릿속에서 구체적인 형상이 그려지게 되어 뒤에 숨어서 안 보이는 부분도 유추해낸다. 추론의 영역까지 나아가는 것이다.

또한 쌓기나무를 이용해서 덧셈과 곱셈을 하기도 한다. 쌓인 모양을 보고 블록이 몇 개 들어갔는지를 알아맞히는 아이들도 있다.

이러한 놀이들은 초등학교 과정의 도형의 넓이는 물론 중학교 과정에서 나오는 다면체 등을 이해하는 데 도움을 준다.

재미있는 사실은 쌓기 영역을 하다 보면 유아들은 처음에는 평면과 입체도형을 분리하여 생각하지 않지만, 놀이가 익숙해지면 점차 입체를 이해한다는 사실이다. 물론 원기둥·삼각기둥·삼각뿔 같은 이름은 아직 모른다.

"거기 네모 줘. 네모(정육면체)."

"거기 긴 통(원기둥) 좀 줘봐."

네모나 원통으로 말하지만, 서서히 원기둥을 통해 평면인 원과 입체인 원기둥의 차이를 발견하는 아이가 생긴다. 원기둥은 구르는 속성이 있는 반면, 평면의 원은 그렇지 않다는 것을 어렴풋이 느낀다. 입체도형의 특징을 깨달아 화병과 원기둥을 보며 닮은꼴이라고 인지하는 아이도 있다. 블록으로 만든 구조물 속에서 우연히 대칭을 발견하거나 의도적으로 대칭을 만들어내기도 하는 등 쌓기나무로 놀다 보면 수십 가지의 입체도형 개념을 저절로 습득하게 된다.

모래놀이로 하는
같은 양 계량하기

  지수와 수인이가 바깥놀이터 모래밭에서 무엇인가를 열심히 만들고 있다.

  "너희들 무엇을 만드니?"

  선생님이 묻자, 지수가 씨익 웃으며 대답했다.

  "초코우유 먹고 싶어서 초코우유 만들어요."

  "나는 딸기우유 먹고 싶어서 딸기우유 만들고 있거든요."

  그러자 다른 아이들도 관심을 보이며, 두 사람 주변으로 모여들었다.

  "야, 소연아 너도 먹고 싶어? 그러면 네 것도 한잔 만들어줄까? 너는 초코우유 먹고 싶어? 딸기우유 먹고 싶어?"

  "나는 두 개 다 먹고 싶은데?"

  "그래? 그러면 너는 손님이니까 두 개 다 만들어줄게."

지수가 밤색 플라스틱 용기 안에 손가락으로 모래를 집어 톡톡 넣는다. 그러자 수인이가 수도꼭지로 달려가 물을 받아온다. 지수는 수인이가 가지고 온 물을 넣고 휘휘 젓는다. 수인이가 자신의 딸기우유는 스스로 만들어 먹을 거라면서 더 큰 용기에 모래를 톡 톡 톡 톡 여러 번 넣고 바깥 놀이터에 떨어진 빨간 샐비어 꽃잎까지 주워서 손가락 끝으로 작게 잘라 넣은 다음 물을 붓고는 뚜껑을 덮어 마구 흔든다. 빨간 샐비어 꽃잎이 들어가면 분홍빛 딸기우유를 만들 수 있다고 생각한 모양이다.

"야, 너는 이렇게 많이 만들어 먹냐?"

지수는 자신의 초코우유 통을 수인이의 딸기우유 통에다 대고 비교해본다. 정말 통이 훨씬 크다.

"옆도, 키도 크잖아. 그러면 너만 많이 먹는 거잖아!"

그러자 수인이가 퉁명스럽게 말하는 지수를 달랜다.

"여기 큰 통에다가 너도 많이 만들어 먹으면, 너는 큰 것도 먹고 작은 통에 있는 우유도 먹는 거잖아. 우유를 두 개나 먹는 거니까 네가 나보다 더 많이 만들어 먹는 거야."

수인이는 옆에서 우유를 달라는 소연이를 쳐다본다.

"소연아, 작은 통에 만들어줄까? 아니면 큰 통에다 만들어줄까?"

"나는 너무 많이 먹으면 배 아프니까 작은 통에 두 개 만들어주라. 초코우유 한 개랑 딸기우유 한 개랑."

"야, 너는 배가 아프면 조금만 먹어야지. 초코우유도 먹고 딸기우유도 먹고 두 개 다 먹으면 배가 아프잖아."

지수와 소연이 사이에 입씨름이 벌어져버렸다. 소연이는 작은 통에 든 우유 두 개를 먹으니 지수보다는 적게 먹는다고 따졌다. 그러자 지수는 소연이에게 지지 않고 따졌다.

"나는 초코우유만 먹잖아."

"너는 내가 먹는 작은 통 두 개만큼 큰 통에다 먹으니까 너랑 나랑 똑같이 먹는 거야!"

아이들은 모래놀이터에 서서 누가 더 많이 먹는지 나름대로의 논리로 말씨름을 이어갔다.

큰 통과 작은 통, 높이와 부피, 한 개와 두 개. 이렇게 비교해가면서 양을 어림해나갔다.

좋아하는 음식 그래프 그려 한눈에 비교하기

　선생님은 아이들과 여러 가지 음식에 대해 이야기를 나눈다. 그래프 그리기라는 다소 낯설지도 모르는 수업을 하려면 아이들의 흥미를 끌어야 하기 때문이다.

　"자동차는 기름을 넣어야 달리고, 컴퓨터는 전기가 통해야지 움직일 수 있는데, 우리가 친구들이랑 즐겁게 놀기 위해서는 무엇이 필요할까요?"

　"우리는 밥을 먹어야 해요."

　아이들은 한목소리로 대답했다.

　"우리가 좋아하는 음식은 무엇일까, 어떤 음식을 먹어야 힘이 나는 것일까? 오늘은 우리 진달래반 친구들이 좋아하는 음식이 무엇인지 알아보려고 해요. 친구들이 어떤 음식을 먹을 때 기분이 좋았는지 친구들과 알아보아요."

대부분의 아이들은 채소를 싫어했다. 오이, 당근, 배추 같은 채소 이야기만 나오면 "윽" "진짜 싫어"를 연발했다.

"우리 진달래반 친구들은 채소를 싫어한다고 생각하는구나. 그러면 정말 그런지 볼까? 우리반 친구들이 가장 먹고 싶어 하는 음식은 무엇이 있는지 그림으로 그려보자!"

"나는 감자 튀김이 제일 좋아!"

"아, 나도 감자튀김 좋아하는데…… 햄버거랑 같이 감자 튀김을 먹을 때가 더 맛있어!"

"나는 피자가 제일 좋아!"

아이들은 종알종알 맛있는 음식을 대면서, 맛있는 음식 그림을 그리거나 음식 모양으로 색종이 꾸미기를 한다. 선생님은 아이들이 만들거나 그린 그림을 하나씩 모은다. 선생님은 아이들이 그린 그림을 하나씩 열어보면서 네모 칸을 세어 막대그래프를 그린다. 햄버거 3칸, 피자 4칸, 아이스크림 5칸.

"우리반 친구들 15명이 좋아하는 음식 막대그래프를 그려보니까 정말 채소를 좋아하는 사람은 한 명도 없네!"

선생님의 말에 아이들은 모두 웃음을 터뜨린다.

아이들은 좋아하는 음식을 그려보고, 그린 그림을 분류하고, 그림·표·그래프 등으로 나타내는 것을 익힌다. 아이들은 그래프를 요리조리 보면서 서로 좋아하는 음식이 다르다는 것을 알게 되었다. 이런 방식으로 좋아하는 음식을 나타내면 한눈에 서로 비교해볼 수 있다. 그래프는 수집한 자료를 다른 사람도 알아보기 쉽게 나타내는 방식이기 때문이다. 이 방법을 통해서 우리반 친구들이 좋아하는 과일 그래프를 그릴 수도 있고, 친구들이 가장 좋아하는 동물이 무엇인지 알아볼 수도 있다.

아이들이 그래프를 만들어가는 과정은 자료를 조사하고, 분석하는 과정이기도 하다. 다만 그것을 아이들의 눈높이에서 경험하게 했을 뿐이다.

책 읽고 토론하는
쌍방향 수업

유치원에서는 지식을 전혀 쌓지 않을까? 그렇지는 않다. 초등학교에 가서 접할 과목들, 국어 · 사회 · 과학 교과 관련 책을 많이 보게 해서 배경지식을 쌓아놓는다. 아이들에게 지적 자극을 주면서 지식을 만들어가는 가장 좋은 방법은 책읽기다. 유치원에서는 하루에 한 번 책읽기 시간이 꼭 있다. 선생님의 재량에 따라 시간을 조금씩 늘리거나 줄일 수도 있다.

책읽기 시간은 초등학교나 중학교와는 사뭇 다른 분위기다. 아이들은 선생님과 함께 책을 읽으며 많은 이야기를 나눈다. 질문을 하고 싶은 사람은 자유롭게 질문을 한다. 선생님은 책을 읽어주는 데 심하게 방해가 되지 않으면 모두 대답을 해준다. 책읽기가 끝나면 함께 이야기를 하기 때문에 활동 이름이 '책 읽고 이야기하기'이다. 이처럼 유치원에서의 공부는 일방통행이 아니라 '쌍방향'이다. 책 읽고 이야기하기에 글자를 모르는 아이도 적극적으로 참여할 수 있다. 선생님이 읽어주는 내용을 들으면서 생각할 수 있기 때문이다. 매일 책을 읽고 이야기를 하다 보면, 아이들이 무슨 생각을 하는지 선생님 눈에는 다 보인다.

이야기책을 읽는다면 책읽기를 출발점으로 하여 감상 이야기하기, 의문 질문하기, 등장인물의 가치관 토론하기, 그당시 사회 비판하기로 화제를 옮겨간다. '흥부는 왜 다른 사람 대신 매를 맞을까?'라는 이야기를 해보면, "흥부가 너무 아플 것 같아요." "흥부가 잘못한 거예요. 매는 맞아야 하는 사람이 맞아야 해요." "아니야, 흥부에게 대신 벌 받게 한 사람이 잘못이죠?" "음…… 대신 벌을 받으면 안 되고, 벌을 받게 해도 안 돼요." "흥부가 쌀이 없어서 대신 벌을 받는다잖아. 그런데 왜 쌀이 없어요?" 이렇게 다양한 생각들이 아이들에게서 나온다. 조선 후기 사회가 어떤 모습이었는지 설명하지 않아도 흥부가 사는 모습을 통해서 아이들은 짐작할 수 있다.

그런데 집이나 도서관에서는 조금 다른 풍경이 펼쳐진다. 아이는 책을 조용히 혼자서 읽어야 한다. 가족들이 모여 있는 거실에서 책을 읽고 있으면 책상에 앉아서 읽으라고 한다. 도서관에서는 유아들을 위한 곳에서조차 소리를 내면 안 된다. 모두 책에 있는 지식을 하나라도 더 숙지하기 위하여 조용히 책을 보아야 한다. 책을 읽을 때 이야기를 하거나 질문을 하면서 읽으면 산만하다고 주의를 준다.

그러나 유대인들은 이런 식의 교육형태를 지양한다. 우리 교육과 커다란 차이점은 그들은 책을 읽으면서 자녀와 이야기를 주고받는다. 학교에서도 마찬가지다. 교실에서 교사는 전 학생에게 관심을 갖고 지켜볼 뿐 학생은 친구와 짝을 지어 질문하고 대화하고 토론하고 논쟁하는 모습을 볼 수 있다. 친구와 일대일로 함께 이야기를 나누면서 공부한다. 물론 도서관에서도 두 명 이상의 학생이 서로 마주보고 앉아 토론을 할 수 있도록 좌석 배치가 되어 있고, 모든 학생들이 토론을 하기 때문에 학생들의 이야기 소리에 도서관은 전혀 조용하지 않다.

유대인에게 있어 자녀교육의 가장 중요한 덕목은 자녀의

생각을 인정하는 것이다. 그래서인지 유대인은 일상생활에서도 부모는 아이에게 질문을 던지고, 아이는 생각을 거듭하면서 제 답을 말한다. 부모와 다른 견해를 펼치기 위해 요모조모 고심해서 논리적으로 자신의 생각을 전개해나간다.

선생님은 아이들이 말할 때마다 말한 내용을 요약해주면서 "참 중요한 말을 했다" "멋진 말을 했다"라고 칭찬을 해준다. 선생님은 절대로 틀렸다고 말하지 않으며, 선생님의 생각을 드러내지 않고, 결론을 내리지도 않는다.

토론에서는 어느 누구도 이기지도 않고, 지지도 않으며, 맞고 틀리고가 없다. 정답을 찾고자 하는 것이 아니기에 자기의 생각을 당당하게 말하면 된다. 유치원에서는 이렇게 자연스럽게 선생님과 대화하면서 자기 생각을 말하는 훈련을 한다. 그 생각은 늘 존중받기 때문에 자신의 의견을 말하는 데 두려워하지 않게 된다.

유대인들은 100명의 사람이 있다면 각자의 생각이 모두 다르기 때문에 100개의 정답이 있다고 생각한다. 또한 100명의 사람이 있다면 하고 싶은 일도 각자 다를 수 있고, 잘할 수 있는 일도 100가지 종류가 있다고 생각한다. 유치원에서는 책읽고 이야기하기 시간을 통해 말하기와 토론교육을 함께 한다. 이 시간은 유대인들처럼 다양한 생각을 찾아가는 시간이기도 하다.

춤이란 예술을
아이들의 눈높이로 보고
내면화하기

　몸의 큰 근육 작은 근육을 조절해서 아름다움을 창조하는 것이 바로 춤이다. 더불어 자신의 기쁘고 화나고 슬프고 질투 나는 감정까지 담을 수 있다. 아이들치고 춤을 싫어하는 아이는 없다. 유치원에서는 음악에 맞춰 선생님과 신나게 춤을 추는 시간이 빠짐없이 있다. 춤만큼 정서적, 예술적, 신체적 자극이 있는 활동은 없기 때문이다. 그렇기 때문에 선생님은 다양한 춤의 모습을 보여주려고 한다. '이렇게 다양하게, 멋지게 표현할 수 있어!'라는 것을 알게 해주고 싶어서다.

　처음에는 춤을 보고 "어, 이 춤을 어떻게 따라해요?"라며, 춤을 모방의 대상으로 인식하던 아이들은 점차 춤추는 사람들이 추는 춤과 자신들이 만들어내는 춤의 차이에 대해서 깨닫는다.

"춤추는 사람들은 연습을 많이 해서 잘 추고, 정해진 모양이 있어서 부채가 쫙 펴지는데, 우리는 연습을 하지 않아서 잘 추기 힘들고, 부채가 잘 안 펴졌지만 그래도 예쁜 동작도 따라하고 춤추는 사람과 다른 모양도 만들어보았어요."

춤을 감상할 때 유아들의 경우 처음에는 반응이 없다. 대부분 바른 태도로 앉아 있으나 주의집중 정도가 짧고, 춤을 볼 때에도 표정의 변화를 보이지 않는다. 또한 춤의 내용에 대해 궁금한 것이나 자신이 느낀 바를 자연스럽게 말로 표현하는 것을 어려워한다. 그동안 유아들이 춤과 관련된 예술 작품을 많이 접해보지 못한 까닭에 움직임을 감상하는 것이 지루하고 어렵게 느껴져서다.

그런데 점점 작품을 관람하는 데 익숙해지면, 춤에 대한 관심과 반응이 변화하기 시작한다. 무반응으로 일관하던 때와 달리, 상황에 따라 주시하며 춤의 배경 음악에 박자를 맞추려고 머리를 까닥이거나 발을 동동 구른다. 자신이 재미있다고 느끼는 동작에서는 웃음을 보이는 등 비언어적인 반응들이 나타나기 시작한다. 이때 선생님이 춤에 대해서 조금만 설명을 덧붙이면, 아이들은 더 적극적으로 비언어적 반응과 언어적인 반응을 보였다. 특히 도구를 사용한 춤을 감상할 때, 도구를 어떻게 움직이는지 언어로 설명했다.

"부채로 얼굴을 가렸어요." "백조 날개처럼 부채를 폈어요." "나비처럼 만들었어요." "옷에 자석이 붙은 것 같아요."

춤은 자연스럽게 추어지는 것 아니야라고 생각할지 모르지만 춤 또한 경험한 만큼 추게 된다. 음악을 잘 듣고, 다른 사람의 몸동작을 보면서 동작에 대해 느끼고 배우는 내면화 과정이 필요하다. 무용가들의 춤을 감상한 뒤에는 선생님과 신나게 춤을 출 때 꼭 변화가 있었다.

안전하게 생활하기 위한
습관을 만들어가는 안전교육

집은 안전할까? 자동차가 씽씽 달리는 사회는 안전할까? 안전하게 생활하기 위해서 다양한 상황에 대처하는 능력을 길러주는 것이 안전교육이다. 아이들은 유치원에서 일생 동안 필요한 안전교육을 받는다. 안전에 대해서 생활 속에서 체계적으로 교육하는 곳은 유치원이 유일하다.

교통안전은 신호등 보는 법부터 배우기 시작해서, 길에서는 어떻게 해야 하는지 직접 선생님과 함께 걸어보면서 배워나간다. 재해나 재난이 일어났을 때 대피하는 법, 가정에서 지켜야 하는 안전습관에 대해서도 눈으로 보고 설명을 듣고 실제로 선생님과 몇 번이고 반복해서 학습을 한다.

선생님들은 아이들에게 놀이를 할 때, 특히 바깥놀이터에서 어떻게 행동해야 하는지, 계단이나 복도에서 어떻게 행동해야 하는지를 습관처럼 익히게 만든다. 또한 유괴나 성폭력에 대해 인지하고, 위험한 상황에서 적절하게 대처할 수 있도록 교육한다.

"미끄럼틀을 탈 때 계단을 올라가서 차례대로 타기로 약속했거든. 너는 그 약속을 지켜야 된다고 생각해, 아니면 안 지켜도 될까? 지켜야 한다는 생각은 얼마만큼이야?"

만 5세반 같은 경우에는 이렇게 간혹 약속을 지키지 않은 친구를 혼내기도 한다. 아이들은 약속을 지키지 않는 행동이 다른 친구를 위험에 빠뜨린다는 것을 안다. 안전교육에서 가장 중요한 것은 약속이다.

그러나 아이들에게 예외적인 상황이 생길 수도 있다. 주변 어른들이 약속을 안 지키는 경우가 많기 때문이다.

"진달래반 친구들, 엄마가 급하다고 괜찮다면서 파란불에서 빨간불로 막 넘어가려고 깜박거리는데 건너가자고 내 손을 꼭 잡으셨어. 엄마에게 건너면 안 된다고 말할래요? 아니면 엄마랑 함께라면 빨간불이 되더라도 건너도 된다고 생각할 거예요?"

선생님은 이렇게 다소 '난감한' 상황을 가정하고 아이들 스스로 올바른 판단을 하도록 토론을 하기도 한다.

안전은 질서와 연결되기도 한다. 질서를 지켜야만 안전하기 때문이다. 아이들은 유치원에서 생활하는 동안 공동체생활에서 지켜야 할 중요한 공공규칙이 있다는 것을 깨닫는다. 스스로 그 규칙을 지켜야 친구들과 다툼 없이 생활할 수 있다는 것을 알고 실천한다. 실내에서 조용히 차례대로 다니기, 시설이나 물건을 사용할 때 줄을 서서 기다리기, 시간이나 놀이약속 지키기 등을 실천한다.

아이들은 밖에서 지켜야 하는 약속도 익힌다. 길을 건널 때에는 반드시 좌우를 살피고 손을 들고 건너기, 주차장에서 놀지 않기, 안전벨트 매기, 새치기 하지 않기 등을 생활을 통해 익혀나간다.

수민이는 바깥놀이터로 나갈 때 너무 나가고 싶은 마음에 제일 앞줄에 있는 지윤이가 신발을 채 신지도 않았는데 뒤에서 먼저 뛰어나가려고 했다.

선생님은 수민이 곁에 다가가서 물었다.

"누가 먼저 나가면 좋을까?"

수민이는 지윤이가 먼저 왔다고 대답했다.

"그래? 지윤이가 먼저 왔구나! 그럼 수민이랑 지윤이 중에서 누가 먼저 바깥놀이터에 나가면 좋을까?"

"내 생각에는 지윤이가 먼저 왔으니까 지윤이가 먼저 나가는 게 좋아요."

"그렇게 생각했구나! 지윤아, 수민이 생각에 지윤이가 먼저 왔으니까 지윤이가 바깥놀이터에 먼저 나가고, 그다음에 수민이가 나가면 순서대로 나가는 거라고 해. 이렇게 하면 우리반 친구들 중에서 속상한 친구가 없다고 수민이가 생각했네!"

수민이 스스로 생각해서 판단할 수 있도록 시간을 주면, 수민이는 질서를 더 잘 지키게 된다.

바깥놀이터에서 모험심이 강한 아이들은 미끄럼틀을 탈 때 계단으로 올라가지 않고 멀리서 힘껏 달려와 추진력을 이용해서 미끄럼틀 판 위를 순식간에 올라가기도 한다. 그런데 이런 행동은 미끄럼틀을 타고 내려오는 아이와 미끄럼틀을 향해 뛰어 올라가는 아이가 부딪힐 위험이 있다. 선생님은 그런 모습을 발견하면 미끄럼틀 위로 뛰어 올라가는 아이를 그 자리에서 부른다.

"정수야, 지금 정수가 미끄럼틀로 올라가려고 하네! 선생님이랑 둘이서 이야기해야겠는데!"

정수가 미끄럼틀을 향해서 달려가는 모습을 보고 선생님은 바로 제지한다. 이럴 때는 선생님과 정수 단둘이서만 이야기한다. 왜냐하면 선생님은 자신의 잘못된 행동에 대해 선생님과 이야기를 나누는 모습을 다른 친구들에게 보여주고 싶지 않은 정수의 마음을 알기 때문이다.

"정수야, 아까 선생님이 정수를 왜 불렀을까?"

정수는 조금 주춤하면서 잠시 다른 곳을 바라본다. 이미 정수는 자신이 무엇을 잘못했는지 알고 있다.

"응, 내가요, 미끄럼틀 계단으로 올라가야 하는데요."

"그런데 정수가 어디로 올라가려고 했을까?"

"응, 내가요, 있잖아요, 미끄럼틀 계단으로 올라가지 않고요……"

"응, 예전에는 정수가 미끄럼틀 계단으로 올라가서 미끄럼틀을 타고 재미있게 내려왔는데, 오늘은 미끄럼틀 계단으로 올라가지 않았구나?"

"내가요, 있잖아요, 선생님, 친구들이 미끄럼틀 타려

고 하는데요, 내가요, 미끄럼틀로 올라가려고 그래가지고
요……"

"응, 정수야, 만약에 수정이가 미끄럼틀을 타고 내려오다
가 정수랑 부딪히면 많이 아프겠지?"

정수가 고개를 끄덕이는 걸 본 선생님은 묻는다.

"정수야, 그러면 이제부터는 미끄럼틀을 탈 때 어떤 약속
을 꼭 지켜야 할까?"

"응. 이제부터는요, 미끄럼을 탈 때는 꼭 계단으로만 올
라가서 미끄럼을 타야 돼요."

"그럼 이제부터는 정수가 약속을 잘 지킬 수 있겠네!"

"예. 나는 약속을 얼마나 잘 지키는데요."

아이들은 잘못했을 때는 "응"이라고 대답하는 대신 꼭
"예"라고 대답한다. 야단치는 대신 잠시 자리를 옮겨서 천
천히 하나씩 물어보면 아이들은 자신의 행동을 돌아보게
된다. 선생님이 자신을 부른 이유를 너무나 잘 알고 있기
때문에 구태여 꾸지람을 하거나 다른 친구들 앞에서 잘못
한 행동을 지적하지 않아도 된다. 유치원에서는 아이들 한
명 한명이 모두 규칙에 대해 너무 잘 알고 있지만 잠시 깜

박 잊었을 뿐이다.

선생님은 보통 아이가 잘못해도 나중에 천천히 이야기하지만 안전에 관한 일은 그 즉시 바로 제재를 가한다. 30초쯤 의기소침해 있던 정수는 다시 신나게 놀이터로 뛰어간다.

감사편지를 쓰면서
사회 공부하기

아이들은 집에서 경험한 이야기, 텔레비전에서 보았던 장면을 유치원에서 다시 한번 재연하는 경우가 많다. 아이들은 은연중에 부모님이나 선생님이 하는 것을 모두 따라 하려고 한다. 코로나 상황에서는 아이들도 코로나에 대한 이야기를 한다. 미디어를 통해 아이들도 사회에 늘 열려 있다. 선생님은 아이들의 호기심을 해결하고, 아이들이 사회에 대해서도 알아갈 수 있도록 교실에 더 큰 세상을 초대해 이야기를 나눈다. 편안하고 안전하게 살아갈 수 있도록 도와주는 소방관과 경찰관, 환경미화원 같은 분들이 안 계신다면 세상은 어떻게 변하게 될지 이야기를 나누기도 한다.

"불이 나도 불을 끌 수 없어서 동네가 다 타버려요!"

"우리가 나쁜 사람을 만나도 우리는 힘이 약해서 너무 위험해요. 무서워요."

"우리 동네가 더러워서 나갈 수가 없어요. 집에서도 냄새가 나서 코를 꽉 쥐고 살아야 돼요. 돼지네 집처럼 돼요."

선생님은 우리를 위해 열심히 일해주시는 분들께 어떻게 고마운 마음을 표현할 수 있을지 생각을 묻는다.

"한꺼번에 전기를 너무 많이 사용하지 않아요."

"우리가 분리수거를 잘 해야 해요. 아빠랑 엄마가 운전할 때 갑갑해도 벨트를 꼭 매야 해요."

선생님은 아이들과 지켜야 하는 약속을 다시 한번 이야기한다. 그리고 고마워하는 마음을 담은 감사편지 쓰기를 했다. 선생님은 아이들에게 어떤 점이 감사한지, 그리고 자신의 경험, 바람 등을 이야기하게 한다. 그 내용을 선생님이 한자 한자 또박또박 말하면서 옮겨 적거나 아이들이 돌아가면서 한 줄씩 적기도 한다.

코로나 바이러스로 마스크를 쓰고 유치원에 오는 아이들은 감염환자를 치료하는 의사 선생님과 간호사 선생님께 편지를 쓰자고 한다. 아이들은 코로나 바이러스에 감염된 사람을 알아내고, 감염된 환자를 치료하는 의사 선생님과 간호사 선생님에게 많은 감사를 느꼈다. 아이들은 그동안 텔레비전이나 주변에서 보았던 다양한 경험에 대해 이야기를 하면서, 편지에 쓰고 싶은 내용을 모두 말한다.

"안녕하세요? 힘드시지요? 우리는 시원한 에어컨이 있는 교실에 있어서 덥지 않아요."

"그런데 많이 덥지요? 균이 들어올까 봐 가운을 다 입어야 하니까, 많이 더우세요?"

아이들은 다양한 내용을 말한다. 어법이 틀릴 수도 있고, 내용이 뒤죽박죽일 수도 있다. 그런 경우 선생님은 형식을 잘 갖추어서 진달래반 친구들에게 써서 읽어주기도 한다.

"진달래반 친구들아, 요즘에도 마스크 쓰고 재미있게 놀이하고 있니?……"

선생님은 아이들에게 쓴 편지를 읽어주면서 편지 쓰는 법을 다시 한번 알려준다. 처음에는 어떻게 시작해야 하는지, 인사는 어떻게 하는지, 마무리는 어떻게 써야 하는지 등. 이렇게 알려주는 동안 '별가람유치원 진달래반 김소윤 드립니다'를 마지막으로 감사편지가 완성된다. 선생님은 '더우세요'보다 '더우시지요'가 훨씬 어른에게 알맞은 표현이라는 것도 알려준다.

편지를 쓴 다음, 선생님은 어떻게 하면 코로나 바이러스
에 걸리지 않고 건강하게 지낼 수 있는지 아이들과 함께 이
야기를 한다.

"마스크를 꼭 쓰래요. 그러면 코로나에 걸리지 않고 안전
하대요. 손도 꼭 잘 씻으라고 그랬어요. 마스크를 써도 손
으로 만지면 안 된대요. 반찬을 나누어 먹지 말라고 해서
이제는 유치원 급식 때처럼 미리 나눠서 먹어요. 팔 벌리고
팔이 닿지 않는 거리에서 만나야 돼요. 이제는 사이좋게 놀
자고 약속할 때도 손등으로만 악수해요."

이렇게 아이들은 저마다 이해한 내용을 하나씩 이야기한
다. 그다음에는 질병관리본부의 지시사항을 아이들의 눈높
이에 맞춰 설명해준다. 밥을 먹을 때 지켜야 하는 약속, 놀
이를 할 때 지켜야 하는 약속, 버스나 지하철을 탈 때 지켜
야 하는 약속 등이다.

"코로나에 걸리지 않으려면 놀이하면서 덥고 불편해도
마스크를 계속 써야 해요."

"손을 씻을 때는 손가락 틈도 세 번씩 비누칠해야 해요."

"집에서 지내기 갑갑하지만 놀이공원에 놀러 가지 않아
야 해요."

이렇게 아이들의 수업은 '포괄적'으로 이루어진다. 감사
편지를 쓰는 것을 통해 코로나 질병 규칙에 대한 이해, 한
글 익히기, 감사하는 마음을 가지는 것 등 다양하고 복합적
인 학습이 동시에 이루어진다.

사회에 소통되는 중요한 개념들, 양성평등이 되었건, 성
이 되었건, 평등이 되었건, 인간소외가 되었건 넓은 세상에
서 일어나는 모든 일은 작은 유치원 교실 안으로 들어온다.

기적의 두 시간

유치원에는 오전과 오후에
두세 시간의 놀이시간이 있다.
인간을 호모 루덴스라고 하는 이유는 놀면서
즐거움을 느끼기 때문이다. 즐겁게 놀려고
아이들은 다양하게 탐색한다.
탐색은 누군가의 안내로 하는 것이 아니라
스스로 즐길 때 일어나는 현상이다.

외부에 대한 관심과
무궁무진한 소통가능성을 여는
바깥놀이

유치원에서 하는 활동중 바깥놀이는 아이들에게 가장 인기가 있다. 한꺼번에 100가지 가르침을 준다고 할 정도로 교육적인 효과도 높다. 주어지는 자극이 교실보다 훨씬 많기 때문이다.

바깥놀이는 바깥놀이터에서 하는 활동은 물론, 유치원 주변 동네를 산책하거나 관찰하는 것까지 포함된다. 이 시간 동안 아이들은 다양한 활동을 한다. 자연의 변화와 자연물을 주의 깊게 관찰하기도 한다. 아이들은 사뭇 진지하게 나뭇잎의 길이나 크기를 비교하고 분류하며, 식물채집도 한다. 무엇보다 이 시간에는 몸을 움직이는 체육활동이 일어나며, 숨바꼭질 등 놀이를 하면서 놀이 그 자체를 즐기기도 한다.

바깥놀이터는 어른의 눈에는 손바닥만 한 공간으로 좁아 보일지라도 아이들의 눈에는 무한세계다. 바깥놀이터 주변의 자연과 동네까지를 포함해서 보기 때문이다.

수업시간에 식물에 대해 공부한 날은 선생님과 아이들이 풀 한 포기를 온전히 뽑기 위해 조심스레 땅을 파기도 한다. 책에서 본 식물의 뿌리, 줄기, 잎이 어떻게 구분되는지 실제 풀을 통해서 살펴보려는 것이다.

봄에 놀이터 주변에 꽃이 피면 꽃잎의 수를 세어보게도 한다. 꽃마다 다른 방식으로 꽃잎을 가지고 있는 것을 확인하는 것이다. 수학자 피보나치도 꽃잎과 잎을 하나하나 관찰하다 수열을 발견한 것처럼 관찰을 통해 자유롭게 이야기를 주고받으며 자연이란 교과서를 읽어나간다. 학교에서 "1, 1, 2, 3, 5, 8…… 이렇게 앞의 두 수를 더하는 게 피보나치 수열이야"라고 가르쳐주는 것보다 훨씬 의미깊은 시간이다.

나뭇잎을 주워 활엽수와 침엽수의 차이를 비교하기도 한다. 선생님은 나뭇잎을 보여주며, 어떤 나무의 잎인지 예측하게 하고, 그 나무를 찾게 한다. 선생님은 넓은 나뭇잎을 가지에 달고 있는 나무와 바늘처럼 뾰족한 잎을 달고 있는 나무의 가지를 비교해보게 한다.

바깥놀이 시간에 바깥에 그냥 옹기종기 앉아만 있어도 아이들은 많은 것을 익힌다. 땅을 파는 아이, 무엇인가 줍는 아이, 친구랑 조잘대는 아이, 하늘을 멍하니 보는 아이, 발밑의 곤충을 관찰하는 아이. 아이들은 모두 다양한 활동을 하는 중이다. 선생님은 굳이 그런 아이들에게 "이것 하자" "저것 해야 해" 하고 말할 이유가 없다.

무엇보다 바깥놀이터에 나가서 노는 동안 아이들은 많은 말을 쏟아낸다. 자극이 많다 보니 교실과 달리 생각도 많아지고 그런 만큼 말도 많아진다.

"선생님 돌멩이가 반짝반짝 별처럼 빛이 나는데, 이렇게 손바닥으로 하늘을 가려주면 별들이 다 사라져서 집으로 가버렸어."

무슨 말인지 정확한 의미를 모르는 '아무말 대잔치'이지만 심오한 뜻이 있는 듯하다.

개미가 기어가는 모습을 보면서 앉은걸음으로 개미를 좇

아가는 아이들은 개미에게 말을 쏟아내어 놓는다.

"개미야, 엄마가 기다리는데 자꾸만 딴데 가면 엄마 못 찾아. 너 그러면 엄마가 걱정하잖아. 너도 후회할 거야! 그렇게 자꾸 집에 안 가고 네 마음대로 돌아다니면 집도 잃어버리고 친구들도 다 없어져서 울고 싶을 거야."

평소에 엄마 말을 안 듣고 마음대로 다니면서 혼났던 경험이 생각났는지 이전에 들었던 모든 말들을 개미에게 쏟아내고 있다.

봄바람이 부는 날에는 바깥놀이터에서 돗자리를 깔고 종이접기를 하는 날도 있다. 아이들은 종이접기 책을 보면서 종이를 접다가 살랑 불어오는 바람에 머리카락이 흩날려서 뺨에 닿으면 머리카락을 쓸어 올리면서 말한다.

"바람이 내 이마에서 앉았다가 가버렸어요."

"그럼 바람이 이제 어디로 갔을까?"

아이는 그 순간 머리카락이 흩날리는 친구 뺨을 가리키면서 말했다.

"선영이 뺨으로 가버렸어요 그런데 금방 또 다른 곳으로 갈 거예요. 바람은 그 자리에 그대로 있지 않고 금방 금방 다른 곳으로 가버리거든요."

고개를 들어 나뭇잎이 흔들리자 다시 말을 이어갔다.

"저것 보세요. 바람은 금방 금방 나뭇잎으로 갔다가 또 다른 곳으로 가버려요. 그렇게 자꾸 자꾸 움직이는 게 바람이에요."

바람을 느끼는 동안 기압의 변화에서 비롯하는 공기의 흐름이 바람이라는 어휘의 의미를 저절로 안 것이다.

이런 바깥놀이는 아이들을 창의력 대장, 혹은 느낌이 있는 아이로 만들어준다. 아무것도 없는 상태에서 무엇인가를 만들어서 노는 것은 아이들이 가진 중요한 능력이다.

그런데 간혹 이런 능력이 전혀 없는 아이들이 있다. 블록이나 교구를 가지고 하는 놀이만 놀이로 생각하고, 바깥놀이를 시시하게 여기는 아이들도 있다. 그리고 그 시간에 무엇을 해야 할지 몰라서 묻는 아이도 있다. 엄마나 선생님이 하라는 것만 하는 아이들은 겉으로 보기에는 순한 모범생이다. 영어나 수학 같은 공부도 곧잘 한다. 하지만 정말 중요한 것을 가지지 못한 아이이기도 하다.

고궁에서 낙엽 줍기를 한 적이 있었다. 고궁에 가기 전에 친구들과 함께 "휴지를 버리지 않아요. 혹시 쓰레기가 있다면 주워요"라고 했던 약속 때문에, 낙엽을 줍지 못한 아이가 있었다. 왜 이런 일이 벌어졌을까? 혼자서 멍 때려 보지도 못하고, 하늘이 얼마나 아름다운지 보지 못하고, 무엇보다 느끼지 못하고, 스스로 무엇을 해야 하는지 모르기 때문에 벌어진 '참사'다. 낙엽이 얼마나 아름다운지를 느끼지 못했기 때문이기도 하다.

최소한 만 3~5세 시기에는 목적이 있는 행동을 강요하지 말고, 느끼고 즐기는 것을 마음껏 할 수 있는 아이들로 만들어야 한다. 바깥놀이를 통해 바깥과의 소통의 폭을 넓혀야 한다. 어른이 보기에 시시해 보이는 바깥놀이가 아이들에게는 스스로 즐거움을 찾는 법을 안내하는 것이다. 참 시시해 보이는 바깥놀이야말로 아이들에게 자극을 섬세하게 받아들이는 훈련, 그리고 자극을 내면화하는 과정을 경험하게 해준다.

운동신경 없는 아이들도
즐겁게 하는
협동심 기르는 놀이

소리 지르고, 콩콩콩 뛰고, 계단을 올라가고 하는 신체활동은 아이들을 자유롭게 만들어준다. 실내에서 활동할 때는 바깥보다 훨씬 많은 '약속'을 지켜야 한다. 물론 바깥놀이를 할 때도 '약속'이 많지만 대부분의 아이들은 에너지 발산의 시간을 기다리고 있다. 그러다 보니 먼저 바깥놀이터에 나가려고 경쟁이 붙기도 한다.

선생님이 바깥놀이터의 파라슈트 보관함에서 커다란 보자기처럼 생긴 파라슈트를 꺼내는 순간, 아이들은 열광한다. 모두들 파라슈트를 함께 잡고 팽팽하게 공중에 펼치기위해 가슴까지 끌어당긴다. 파라슈트 위에 공을 올려놓고 공이 떨어지지 않도록 몸을 움직여 적절하게 흔들어준다.

이런 놀이는 움직이는 것에 움츠러들어 있는 아이들에게 좋다. 혼자서는 못해도 함께 하기 때문에 괜찮다.

"지민아, 네가 먼저 높이 올려버리면 공이 나한테 뚝 떨어지잖아."

"야! 니네, 근데 한번에 올라가고 한번에 똑같이 내려와야 되잖아. 근데 자꾸 높았다가 낮았다가 그러면 공이 다 떨어지잖아."

머리로는 방법을 알고 있지만 여러 명이 동시에 함께 파라슈트를 올렸다 내렸다 움직이는 것은 어렵다. 혼자만 잘한다고 절대로 잘되지 않는다. 공이 자꾸 떨어지자 아이들이 꾀를 낸다.

"야, 그러면 니네 우리가 한번에 올라가고, 한번에 내려오게 하면 되니까…… 하나 하면 올리고, 둘 하면 내리자."

하나, 둘 세는 속도가 아이마다 차이가 나서 계속 공을 떨어뜨린다. 아이들은 천천히 "하나 둘" 동시에 수를 세면서 신호를 만든다. 신호에 따르자 익숙하게 공을 높이 올리고, 또 떨어지는 공도 받을 수 있었다.

유아들은 혼자 할 때보다 여러 명이 함께 할 때는 '함께,

똑같이 해야 한다'고 생각한다. 선생님들은 이렇게 대근육
을 많이 쓰게 함으로써 신체조절력을 기르고, 친구들과 협
동심도 키우는 활동을 늘 찾아낸다.

술래잡기의
10가지 전략

바깥놀이를 할 때 길러지는 또 하나의 요소는 집중력이다. 바깥에 나가면 교실에서보다 더욱 몰입하는 아이들의 모습을 볼 수 있다. 아이들은 신체를 모두 움직이면서 활동할 때 가장 신나 한다. 어른들은 이를 보고 '논다'고 표현한다. 어떤 목적 없이 순수한 즐거움에 빠진다는 것이다.

그런데 그러한 무목적성이야말로 다양한 것을 느끼게 하고 깨닫게 한다. '무궁화꽃이 피었습니다'나 '숨바꼭질' '술래잡기' '보물찾기'는 언제라도 할 수 있는 게임이다. 게임을 할 때 아이들은 항상 자기만의 패턴이 있다. 술래가 된 아이는 벽에 두 손을 대고 손 위에 이마를 얹은 후 크게 소리 내어 말한다. "무궁화꽃이 피었습니다!"라고. 아이들은 친구의 패턴을 하나씩 알아차리기 위해 친구에게 주의를 집중한다. "무궁화꽃이…… 피었습니다!"라고 말하고 뒤돌아보는 술래도 있지만 "무궁화꽃이 피었습니다!"를 숨 쉴 틈도 없이 말하고 뒤로 휙 돌아보는 아이도 있다.

술래가 아닌 아이들은 술래의 패턴을 염두에 두고 술래 곁으로 다가간다. 천천히 외치는 아이에게는 가까이, 빨리 외치는 아이에게는 딱 한 걸음만, 천천히 빨리를 반복하는 아이에게는 그에 맞게! 술래와 아이들 사이에 심리게임이 벌어지는 것이다.

물론 술래가 아닌 아이들에게도 패턴이 있다. 술래가 벽에 이마를 대자마자 앞으로 쓱 나가는 아이도 있지만 술래가 뒤돌아볼 때 걸리게 될까 봐 한 발짝도 발걸음을 못 떼는 아이도 있다. 술래는 또 이런 친구들의 패턴을 알고, 자신이 쉽게 잡을 수 있을 것 같은 아이를 우선적으로 찾는다. 심리게임에서 이기기 위해서는 친구의 행동을 예측하고, 친구의 숨소리 하나에 귀 기울이고, 친구의 행동에 집중해야 한다. 이렇게 집중하는 경우가 일상에서는 없다. 집중력은 훈련에 의해서 만들어지는데, 아이들은 놀이를 통해서 집중력을 익히게 된다. 당연히 집중해본 경험이 많을

수록 집중을 잘하게 된다.

　숨바꼭질은 자신이 친구 입장이 되어봐야 잘 할 수 있는 놀이다. "설마 여기는 오지 않겠지?" 혹은 "여기는 안 보이 겠지!"라고 생각하면 금방 잡힌다. 최대한 술래의 입장이 되어 숨어야 한다. 보물찾기 놀이 또한 친구의 머릿속을 알 아야 보물을 찾을 수 있다. 평소에 어디에 잘 숨기는지 데 이터가 축적되어 있어야 보물에 가까이 다가갈 수 있다. 무 궁화꽃이 피었습니다나 술래잡기, 보물찾기 모두 친구에 대한 관심이 놀이의 승자를 결정짓는다.

　상대방을 생각하는 것이 왜 중요할까? 사회성은 상대방 을 생각하는 것에서부터 출발한다. 놀이를 통해서 아이들 은 친구의 특성을 파악하고, 그에 따라 자신의 행동을 결정 한다. 이런 훈련을 함으로써 아이들은 자신의 미래를 준비 하게 된다.

소꿉놀이로 현실에서 쌓인
스트레스를 날리는 아이들

소꿉놀이는 아이들의 어른놀이다. 소꿉놀이를 하기 위해서는 엄마 아빠뿐 아니라 아이 역할이 필요하다. 하지만 여자아이들은 소꿉놀이를 하는 동안 모두 엄마가 되려고 한다. 다섯 명의 여자아이가 놀이를 하면 첫째 엄마, 둘째 엄마, 셋째 엄마, 넷째 엄마, 다섯째 엄마는 있는데 아이가 한 명도 없는 문제가 생긴다. 아이들은 이럴 때면, 항상 선생님을 불러 아이 역할을 맡긴다.

"선생님 우리가 엄마놀이를 하는데 아이가 없어요."

"그래, 알았어. 그럼 선생님이 아이가 되면 되는 거지?"

아이들은 모두 미소를 깨문 채 고개를 끄덕인다.

"예. 저는 아기예요 이름은 경란인데요. 다섯 살이에요."

선생님의 말이 떨어지자마자 다섯 명의 엄마들이 밥상을

들고 와서 아이에게 내민다.

"너 이거 먹어야지 키가 크는 거야! 얼른 먹어!"

첫째 엄마가 아이에게 윽박지르는 사이, 둘째 엄마도 상을 들이밀면서 앙칼지게 말한다.

"너 이거 밥! 또 맞고 먹을래? 안 먹으면 맴매할 거야!"

둘째 엄마의 밥상을 물리자마자 셋째 엄마는 눈을 크게 뜨고 아이를 똑바로 바라보면서 말한다.

"이거는 눈이 좋아지는 당근이야. 당근은 꼭꼭 씹어서 먹어야 되는 거야. 당근 안 먹으면 너 다른 것 하나도 안 줄 거야. 과자도 하나도 없어."

넷째 엄마는 협박을 한 셋째 엄마와 달리, 밥을 얼른 먹으라고 닦달한다.

"동생이 와서 다 빼앗아 먹기 전에 어서 먹어야 되거든."

소꿉놀이를 하다 보면 아이들이 평소 엄마에게 받은 속상함을 놀이를 통해 드러내는 것을 알 수 있다. 그래서인지 여자아이들에게 가장 인기있는 놀이는 단연 소꿉놀이다.

그런데 늘 늦잠을 자는 바람에 늦게야 유치원에 오는 정현이는 한번도 소꿉놀이를 처음부터 시작한 적이 없다. 항상 다섯 명의 여자아이들이 아이 역할을 하는 선생님을 한바탕 야단친 이후에 등장한다. 정현이는 자신도 소꿉놀이에 참여해 보란 듯이 엄마 역할을 해보고 싶었다. 정현이는 엄마 역할을 못 하는 걸 못내 속상해했다.

"나도 엄마놀이 하고 싶은데…… 친구들이 나는 안 시켜 줘요."

혼나는 아이 역할을 모두 마친 선생님은 소꿉놀이를 하는 아이들 곁에 가서 대안을 제시한다.

"제일 큰엄마가 지금 서울역에 오셨어요. 지금 집에 오고 계신대요. 어, 그런데 어떻게 큰엄마가 도착하신 것을 알고 맛있는 밥을 준비하고 계셨어요?"

그러자 다섯 명의 엄마들이 합창했다.

"그럼요, 우리는 벌써 전화를 받고 알고 있었어요. 그래서 큰엄마가 오시면 드리려고 맛있는 불고기도 하고요. 케이크도 만들었어요."

"우리가 김밥도 만들고요, 햄버거도 요리했어요."

다섯 명의 엄마들은 맛있는 음식을 준비하느라 분주했다. 정현이는 어느새 첫째 엄마, 둘째 엄마보다 더 힘이 센 큰엄마가 되었다. 큰엄마를 잘 모시기 위해서 첫째 엄마와 둘째 엄마뿐 아니라 셋째 엄마나 넷째 엄마도 큰엄마에게 먼저 물었다. 어떤 음식을 차리면 좋은지, 어디에 가고 싶은지, 무슨 놀이를 좋아하는지. 그날은 정현이가 다섯 명의 엄마로부터 대접을 받고, 아이도 한번 야단쳐서 신이 난 하루였다.

반대로 아이들 중에는 엄마 역할은 하지 않고 아기만 하려는 아이도 있다. 오빠 때문에 항상 뒤로 밀린 민서는 보살핌을 받는 아기가 되고 싶어했다. 부모님의 기대를 한몸에 받던 오빠가 학교에서 두각을 드러내자 부모님은 숫제 민서의 존재를 잊어버린 듯했다. 유치원에 데려다주는 것만으로 부모 역할을 다한 듯 행동했다.

민서는 식물원 체험학습을 하는 4월에 겉옷을 입지 않은 채 티셔츠 하나만 달랑 입고 등원한 적도 있었다. 민서는 하루 내내 선생님 손수건을 스카프처럼 목에 두르고 다녔다. 민서 어머니는 도시락도 깜빡 잊고 싸주지 않아 민서는 친구들과 함께 선생님이 주문한 도시락을 먹어야 했다.

"나는 아기예요. 막 태어난 아기라서요, 혼자 못 먹어요.

잠도 안아서 재워주어야 해요. 나는 혼자 있으면 안 되는 진짜 아기라고요."

민서는 진짜로 아기가 되고 싶었는지 "진짜 아기"라는 말을 소꿉놀이가 끝날 때까지 몇 번이고 했다.

아이들은 소꿉놀이를 하면서 엄마 아빠에게 바라던 것을 그대로 드러낸다.

"여보, 술 좀 그만 마셔요."

"또 늦게 왔어요?"

아이들이 소꿉놀이 하는 장면을 진짜 어머니 아버지가 본다면 얼굴이 빨개질지도 모른다. 아이들이 가정에서 받는 스트레스 또한 분명히 있고, 아이들은 그것을 이렇게 소꿉놀이를 하면서 푼다.

역할 놀이를 통해
멘토 찾기

유치원에서는 병원 놀이, 선생님 놀이, 우체국 놀이, 아나운서 놀이 등 역할극을 할 수 있는 각종 놀이들을 한다. 대부분의 아이들은 주인공이 되고 싶어 한다. 주인공이 되지 않은 아이들은 엉뚱한 질문을 해서 주인공을 곤란하게 만드는 걸 즐긴다. 당연히 주인공은 이런 질문들에 척척 대답해가면서 주인공으로서의 '권위'를 살려야 한다.

등원과 동시에 한쪽에서 아이들이 또 병원놀이를 하기 시작했다. 의사를 하고 싶은 아이들은 종훈이 주변에 모여 있었다.

"너희 모두 의사선생님이 되고 싶잖아. 그런데 환자도 있어야 되고, 간호사랑 약사도 있어야 되니까, 지금부터 시계를 보고 긴 바늘이 하나씩 갈 때까지만 의사를 하는 거야.

그런데 너희 모두 빨리 의사가 되고 싶지? 그러면 가위 바위 보를 해서 누가 제일 먼저 의사가 될 건지 정하자."

"네가 이겼으니까, 네가 먼저 의사를 해. 그다음은 너, 너, 너 이렇게 한 번씩 의사를 하면 돼. 그리고 나는 다섯 번째 의사야. 내가 제일 끝에 의사를 하는 거야."

며칠 전 유치원에서 함께 놀이하던 주제는 우리 몸이었다. 그래서 간, 위, 대장, 항문 등 소화기와 기관지, 폐 등 호흡기에 대해 많은 지식을 쌓을 수 있었다. 덕분에 병원놀이는 보다 전문성(?)을 띠게 되었다.

제일 마지막으로 의사가 된 종훈이는 "환자분 오세요"라고 환자를 부른 다음, 청진기를 가슴과 등에 댄 뒤에 "허허, 참 큰일이네요. 우선 엑스레이를 찍어 봐야겠어요"라고 말했다. 그러더니 교실 기둥에 까만 종이를 붙여놓고 그곳에 환자의 가슴 부분을 대도록 하고는, "찰칵" 하고 엑스레이 찍는 소리를 냈다. 종훈이는 이번에는 까만 종이 위에 하얀색 크레파스로 갈비뼈를 하나씩 그리기 시작했다. 그러고는 방금 그린 그림을 보면서 심각한 목소리로 말했다.

"환자분, 회사에도 못 가겠어요. 입원을 해야 하거든요.

폐가 너무 많이 아프니까, 입원하고 푹 쉬면서 치료를 받아야 해요."

한술 더 떠 심각한 표정으로 천연덕스럽게 말했다.

"회사에 전화로 못 간다고 하세요. 지금 입원하는 것이 더 건강에 좋겠어요. 빨리 치료를 시작해야 빨리 건강해질 수 있으니까요."

그리고 환자에게 주의사항을 말했다.

"뛰면 절대 안 돼요. 바깥놀이도 하면 안 돼요. 너무 하고 싶어도 참아야 해요. 약을 먹어야 하니까 아이스크림도 먹을 수 없어요. 약은 쓰지만 잘 먹어야 해요. 그래야지 빨리 나아서 회사에 출근할 수 있어요."

한 번씩 의사를 한 친구들은 이번에는 병원 관계자나 간호사, 환자 보호자가 되어 모두들 종훈이 주변에 옹기종기 앉아서 심각한 표정으로 환자를 살폈다.

종훈이는 정말로 의사가 되고 싶은 모양이었다. 의사를 한 다른 아이보다 훨씬 진료의 디테일이 살아 있었다. 역할놀이를 위해 아이들은 현실 생활에서 보다 더 꼼꼼히 관찰을 한다. 종훈이는 평소 병원에 갔을 때 의사 선생님이 진료하시는 모습을 유심히 봤을 것이다. 의사 선생님이야말로 자신의 멘토가 아닌가! 다쳐서 엑스레이를 찍었던 경험, 책에서 본 경험 등도 의사놀이를 할 때 한몫했을 것이다. 이렇게 놀이를 통해 아이들은 정보를 탐색하고, 정리해서 종합한다. 그리고 자신의 꿈에 대해서도 상상하고 생각한다. 아이들에게는 이 모든 체험들이 살아 있는 공부다.

무한변신이 가능한 블록놀이

블록은 모든 어린이집과 유치원에서 흔히 볼 수 있는 교구다. 블록은 단순히 공간 지각력만 높여주지 않는다. 중학생이나 혹은 대학생들처럼 조립하는 것 자체가 목적이 아니기 때문이다. 유아교육단계에서 블록을 이용한 수업은 관찰과 그로 인한 깨달음을 자연스럽게 얻는 것을 포함한다. 블록을 하다 깨닫는 것 하나는 어림하는 능력이다.

블록놀이는 남자아이들이 특히 좋아하는 놀이다. 아이들은 놀이를 시작하기 전부터 자신이 만들고 싶은 모습을 생각해 필요한 블록 개수를 어림한 다음, 더 많이 블록을 갖고 가기 위해서 경쟁을 한다.

또 다른 능력으로는 보이지 않는 공간을 상상하는 능력이다.

하원이가 블록장 앞의 카펫의 끝을 따라서 큰 벽돌블록을 가로로 세워서 쌓기 시작했다. 하원이는 카펫의 앞면과 양 옆면을 세 줄로 똑같이 높이를 맞춰 쌓는다. 그런 다음 앞면의 블록 중 한 줄을 없앤다. 정석이가 블록으로 쌓아놓은 공간 안에 들어오자마자 "여기가 문이야! 여기로 들어와야 해!"라고 말한다.

정석가 하원이에게 "뭐 만들어?"라고 묻자, 하원이는 "창고!"라고 대답한다. 정석이가 소꿉방 쪽을 가리키며, "여기를 옆집으로 하자!"라고 하며, 블록 쌓을 준비를 한다. 하원이는 정석이에게 "문, 나가는 곳은 열려 있게 쌓아야 해! 나가는 곳을 문이라고 하니까 열어놔야 해!"라고 말한다. 하원이는 카펫의 사각형을 따라 블록을 같은 높이로 쌓아 창고를 만들고, 앞줄 한 줄을 제거해 문을 열거나 닫음으로써 개폐에 대한 개념을 나타내었다.

이러한 공간개념은 공간 내에서 물체의 형태나 물체 간의 관계를 의미하는 것으로 현실 세계와 수학적 세계를 연결하는 기초를 제공한다. 유아들은 일상의 경험을 통해 주변 세계를 인식하면서 이렇게 공간에 대해 이해해나간다.

이외에도 통찰력은 과학 등 여러 개념으로 확장되어 복합적으로 나타나기도 한다.

한 무리의 남자아이들이 블록으로 도로를 건설하고 있다. 평소 자동차를 타고 지나가 본 적이 있는 고가를 만들어서 자동차를 굴려보고 싶은 나머지 블록을 세워보기도 하고 눕혀보기도 하면서 경사가 있는 고가도로를 만들려고 한다. 수많은 시행착오 끝에 고가도로를 만든 아이들은 그 위에 자동차를 올린다. 경사로 위에서 자동차를 굴리면서 놀던 아이들은 깜짝 놀란다. 평평하게 만든 블록에서는 자신이 손을 대서 굴려야만 움직이던 자동차가 경사로에서는 손에서 놓자마자 경사로를 따라 이동하기 때문이다. 여러 개의 경사로를 만든 아이들은 경사에 따라 자동차가 더 빨리 달리기도 하고, 느리게 이동하기도 한다는 사실을 알게 된다. 그 다음에 경사로를 만들 때는 자신이 자동차를 굴리면서 알게 된 지식을 적용하게 된다. 빨리 달리게 하고 싶으면 경사를 높게 만드는 식이다. 경사로에서는 힘들이지 않고도 빠른 속도로 물체를 이동시킨다는 사실을 알게 된 아이들은 이것을 다른 데다 또 적용하며 놀 것이다.

혼자서 이런 활동을 하는 게 아니라 친구와 함께 하다 보니 곳곳에서 토론도 벌어진다. "왜 빨리 내려올까?" "좀더 빨리 내려오게 하려면 어떻게 해야 할까?" 어떤 아이들은 자동차가 내려오는 자리에 다른 자동차를 가져다놓아 도미노처럼 움직이게 하기도 한다. 이렇게 방해하는 친구도 사실은 도움이 된다. 그 방해로 인해 새로운 방향으로 생각을 하게 되기 때문이다. 아이들은 즉각 차를 진행방향으로 한대 더 갖다놓기도 하고, 반대방향에다 갖다놓기도 한다.

학원에서처럼 로봇을 조립하고, 복잡한 블록을 조립하는 것만이 놀이의 전부가 아니다. 유치원 블록놀이의 특징은 아이들 스스로 시작하고 목표에 구애받지 않고 관심을 다른 방향으로 돌리기도 하는 등 다양한 방법을 시도해볼 수 있다는 것이다.

모래로 못 만드는 것이 없는
모래 예술가들

햇볕이 따뜻하고 바람이 좋은 날은 비눗방울을 날리기 좋은 날이다. 비눗방울에 반사되는 영롱한 빛을 볼 기회가 생기기 때문이다. 비눗방울을 날리면서 아이들은 바람의 방향과 바람의 세기도 느낄 수 있다. 서로 더 많이, 더 큰 비눗방울을 날리다 지치면 털썩 모래에 주저앉는다. 비눗방울 놀이는 20분을 넘기지 않는다.

아이들이 모래에 주저앉는 순간 모래놀이가 시작된다. 모래놀이는 어린 유아들일수록 더 좋아한다. 처음에는 단순한 모양 찍기를 하는데, 어떤 아이들은 주변에서 구한 나뭇잎이나 꽃잎으로 장식도 한다.

지민이가 찍어놓은 하트모양의 모래떡 위에 지나가던 은주가 꽃잎을 올려놓았다. 지민이는 그것을 보고 나뭇잎을 가지고 와서 장식을 했다. 옆에서 그것을 본 수민이가 케이크를 만들어보자고 말한다. 처음에 혼자서 하던 놀이가 서너 명이 하는 놀이로 금세 인원이 불어나버렸다. 아이들은 어떤 케이크를 만들 것인지 고민하다 생일 케이크를 만들기로 했다.

수민이는 폐품을 담았던 커다란 플라스틱 그릇을 가져와서 케이크 틀로 이용했다. 동그랗고 큰 케이크가 만들어졌다. 다른 아이들은 여기에 나뭇잎도 넣고 꽃잎도 꽂고 막대기도 꽂는 등 장식을 한다.

수민이가 케이크를 자르는 칼이 필요하다고 하면, 옆에 있는 지수가 "여기 이걸로 케이크 칼 하면 되잖아!"라고 떨어진 나뭇가지를 들고 온다. 아이들은 바깥놀이터에서 안 되는 것보다는 되는 것이 훨씬 많다. 왜냐하면 모양이 정형화되지 않은 나뭇잎, 나뭇가지, 모래, 물, 흙은 아이들의 상상에 따라 여러 가지 모양으로 변하기 때문이다.

모래놀이터에는 커다란 미끄럼틀이 있다. 안전을 위해 미끄럼틀을 타고 내려오면 바로 모래를 밟게 해놓았다. 미끄럼틀 아래쪽에서도 카페놀이가 한창이다.

바깥놀이터에 있는 놀잇감 바구니 안에는 여러 가지 크기의 그릇, 1회용 플라스틱 투명컵, 음료 캐리어, 플라스틱 구슬, 국자, 숟가락, 프라이팬 등 가정에서 보내준 다양한 폐품들이 담겨 있다. 아이들은 물, 모래, 나무열매와 놀이터 주변에 있는 풀까지 이용해서 무엇인가를 늘 만든다.

플라스틱 컵에 모래를 솔솔 뿌리고, 숟가락으로 휘휘 저어 꽃잎도 넣고 나뭇잎도 넣은 다음 모래를 다시 한번 솔솔 뿌려서 쉬고 있는 선생님에게 갖고 오기도 한다.

모래와 물을 함께 마음껏 사용할 수 있는 바깥놀이터는 '건설'을 좋아하는 아이들로 늘 붐비는 곳이다. 군데군데 준비돼 있는 '목욕탕 의자'에 앉아서 한 시간씩 성을 쌓고 고속도로를 길게 만들기도 한다. 이곳에서도 처음에는 혼자 시작했지만 곧 여러 명의 아이들이 함께 논다.

주호가 모래 안에 손을 넣고 "두껍아, 두껍아, 새집 줄게. 헌집 다오" 노래를 부르며, 손을 넣은 채 모래 위를 토닥토닥 두드리고 있으면, 다른 친구가 슬그머니 옆에 와서 앉는다.

"주호야! 나는 두꺼비집에서 놀이동산 가는 길을 만들어줄게. 그러면 네가 놀이동산에 가서 나랑 놀면 되잖아."

"그럼 우리집에서 놀이동산 갈 때 터널이 있는데, 터널도 만들 수 있어?"

"응. 우리는 모래로 다 만들 수 있으니까 해보자."

"터널을 만들려면 어떻게 하지?"

"길은 그냥 모래를 길게 쌓으면 되는데…… 터널은 어떻게 만들지?"

모래를 두 손으로 모아 한 줄로 평평하게 만들면서 성호가 혼잣말을 한다. 주호가 신나서 자신의 생각을 말한다.

"두꺼비집처럼 하면 되잖아! 손을 넣고, 이렇게 토닥토닥하고 손을 살살 빼면 돼."

그러나 생각대로 터널은 만들어지지 않았다. 한참을 토닥토닥 두드려 모래로 길을 만들고, 모래 아래에 손을 넣고 터널을 만들었지만 손을 빼자마자 무너졌다. 모래를 깊이 파서 만들어보기도 하고, 물로 굳혀가면서 만들어보기도 했지만 터널은 손만 빼면 무너졌다. 시행착오를 거듭하는 동안 아이들은 플라스틱 그릇을 터널 안에 넣고 그 위를 모래로 덮었다. 마침내 문제를 해결하고 절대 무너지지 않는 터널을 완성한 것이다. 한 시간을 넘게 터널을 만들면서도 아이들은 절대 지치지 않았다.

민수 옆에 있던 승호는 민수가 만들어놓은 도로 옆에 강을 만들기 시작했다.

"물이 없는 강이 어디에 있어?"

아이들은 물을 붓기 시작했다. 그러나 아무리 물을 부어도 물은 금방 스며들어 버렸다. 자꾸 물이 없어지자 아이들이 선생님을 찾았다.

"나 비닐이 있어야 되는데요. 우리가 만든 나뭇잎 방석 비닐로 강을 만들어도 돼요?"

아이들은 비닐 가방에 나뭇잎을 넣고 나뭇잎 방석을 만들었던 것을 생각해냈다. 그것을 모래 위에 깔고 물을 부어 강을 만들었다.

아이들은 그날 두꺼비집에서 출발해 놀이공원으로 가는 다리, 큰 터널, 도로, 그리고 도로 옆에 흐르는 강을 만들었다. 강 위에는 작은 플라스틱 그릇으로 배도 띄웠다. 아이들의 놀이에 안 되는 것은 없다. 아이들은 힘을 합하고 생각을 모아 불가능을 가능으로 만들어간다.

그리고 바깥놀이터를 산책하던 한 아이는 달팽이를 발견했다.

"달팽이!"

하는 소리에 아이들이 우르르 몰려갔다. 달팽이가 세 마리나 있었다. 아이들은 달팽이를 잡았다. 한 아이가 달팽이를 잡는 동안 다른 아이는 폐품함을 뒤져서 달팽이를 담을 그릇을 갖고 갔다. 아이들의 관심이 갑자기 달팽이로 쏠렸다. "놓아주자"는 선생님의 말에 아이들은 "조금만 더 보고 싶어요!"라고 대답했다.

"일단 교실로 갖고 가서 유리병 안에 놓고 관찰하다가, 금요일에는 우리가 집에 가고 유치원에 오지 않으니까 달팽이도 집에 가고 싶을 거예요. 그때 놓아주어요."

선생님은 아이들 말을 따르기로 했다. 바깥놀이가 끝나고 손을 씻으면서 아이들은 달팽이 이야기만 했다. 새로운 화젯거리가 또 만들어진 것이다.

깃발 만들어 바람이
어디로 가는지 따라가보기

겨울 동안 바깥놀이를 자주 할 수 없었던 유아들은 봄이 되기만 고대한다. 형님반이 돼서 바깥놀이에 나가고 싶기 때문이다. 그러나 정작 봄이 오면 황사가 오는 날, 바람이 심하게 부는 날이 많아 밖에서 활동하기 어려울 때도 있다.

그런 날 선생님은 일상생활에서 사용하는 재료를 가지고 무엇이든 만들어 바람이 어느 방향에서 부는지, 바람이 얼마나 세게 부는지 알아보자고 한다.

"바람이 세게 불면 내 머리카락이 내 얼굴에 와서 아플 때가 있고요. 점퍼 끈이 달랑달랑 움직여요."

선생님은 아이들과 바람 이야기를 하다가 바람개비나 깃발을 만들기로 한다.

"난초반 친구들, 오늘 날씨가 어때요? 우리가 나가서 놀이할 수 있을까? 바람이 얼마큼 세게 부는지 알려면 무엇이 있으면 좋을까요?"

아이들은 비닐이랑 스카프, 연, 종이, 나뭇잎, 나뭇가지 등 주변에 있는 것을 모두 댄다.

"바람이 부는지 알려면 어떻게 할까요? 바람은 은경이 머리카락이 어디로 가는지 보면 알 수 있어요. 또 다른 건 없을까요?"

은경이는 긴 머리를 묶지 않고 유치원에 오다 보니, 늘 바람에 머리카락이 날렸다. 아이들은 연을 날리자, 풍선을 크게 불어 날리자, 종이를 들고 서 있자, 태극기처럼 깃발을 만들자, 비닐을 나뭇가지에 묶어놓자 등 다양한 방법을 말했다.

선생님은 유치원에 있는 다양한 재료로 깃발이나 모빌을 만들기로 했다. 바람에 움직이는 물건이 무엇이 있는지 찾아보고, 바람에 움직이는 물건이 어떤 모습으로 변하는지 함께 보자고 한다. 바람이 세게 불면 좋은 점은 무엇인지, 나쁜 점은 무엇인지도 아이들과 이야기한다.

아이들은 비닐과 종이, 끈 등을 이용해서 깃발을 만들었다. 선생님은 아이들이 만든 깃발을 미끄럼틀 지붕이나 놀이집에 매달았다.

"저렇게 깃발이 많이 흔들리면 바람이 많이 부는 거야! 그러면 우리 놀이집도 날아가겠네?"

"아니에요. 우리는 용감한 해적이라서 지금 해적선을 타고 가는데, 갑자기 바람이 많이 불었어요."

선생님의 질문에 아이들이 '아무말 대잔치'로 대답을 하기 시작했다. 선생님은 이야기를 이어간다.

"그런데 갑자기 바람이 많이 불어서 우리가 더 이상 해적을 하지 못하고 이제 육지를 찾아가서 우리도 쉬어야 해요." 그러자 "깃발을 내려라!"라고 용감한 해적이 된 아이들이 소리쳤다. 모두 극놀이에 몰입하면서 다시 교실로 들어갔다.

바람이 많이 불어서 바깥놀이터에 못 나가는 날에는 교실에서 커다란 바람개비를 만들기도 한다. 바람이 많이 불면, 바깥놀이터에서 바람개비를 날릴 것이다.

물그림 벽화, 모래벽화,
세차장놀이 놀이의 무한변신

햇볕이 좋은 날은 바깥놀이터 벽에다 물그림을 그리는 날이다. 그림이 곧 마르면 또 물을 덧칠해 벽화를 그린다.

"우리가 유치원 벽에 큰붓으로 그림을 그릴 수 있어. 큰 물소도 있고, 말도 우리 유치원 벽에 있게 돼요."

평소에 그림을 잘 그리지 못한다고 생각한 민형이는 물그림 벽화 그리기를 무척 좋아한다. 실수를 해도 물이 증발해 버리면서 모두 지워주기 때문이다.

"선생님 물그림 벽화는 다 없어지니까, 나는 더 좋아요."

민형이는 땀을 뻴뻴 흘리면서 페인트 붓으로 크게 그림을 그린다. 의자를 가져다 놓고 그 위에 올라서서 물소의 뿔을 마저 그려 넣는다.

"선생님 내가 그린 물소는 동그랗게 휘어진 큰 뿔이 있어

268

요. 아프리카 물소거든요. 우리나라에는 여름철에만 오는 거예요. 우리나라 겨울에는 추워서 다시 아프리카로 갔다가 여름에만 우리 유치원에 놀러 와요."

벽 공간이 한정되어 있다 보니 다른 유아들은 페트병이나 다양한 플라스틱 통으로 물놀이를 한다.

"민형이가 벽화를 그리는 동안 우리는 바닥에 그림을 그리는 거예요."

아이들은 넓은 바닥에 물그림을 그릴 수 있는 다양한 도구를 생각해내고, 선생님에게 페트병에 구멍을 뚫어달라고 말한다. 선생님은 구멍이 뚫린 페트병을 만들어서 아이들에게 나눠준다. 다양한 크기의 구멍이 여기저기 뚫려 있어 페트병에 물을 채워서 들고 다니면 그림이 그려진다.

"선생님, 이렇게 페트병을 두 손으로 꽉 짜면 물이 줄줄 흐르면서 바닥에도 시냇물이 막 흘러가는 것처럼 돼요."

"그러면 여기에다 물고기가 있는 것처럼 그리면 되겠다."

수민이가 페트병을 꾹 누르다가 바닥에 떨어뜨렸다.

"야 이렇게 두발로 꾹 밟아주면 힘이 안 들어. 아, 신기하다, 냇물이 만들어져!"

실수로 페트병을 떨어뜨린 덕분에 수민이는 재미있는 것을 찾아냈다. 모래 위에 물방울이 떨어지면 조금 볼록하게 모래가 뭉쳐지는 것을 보고, 모래벽화를 그리자고 한 것이다. 머릿속에서 모래바닥이 벽이 되는 마법이 일어났다.

　"모래벽화가 더 멋있어. 모래 위에 물을 쭉쭉 짜주면, 올록볼록 모래 동그라미가 생겨."

　모래 위에서 페트병의 물을 쭉 짜면서 모래벽화를 만들던 중에, 옆에서 장난감 자동차를 가지고 놀던 정수에게 물이 튀었다.

　"야, 나는 이제부터 물통에 물을 넣고 세차장을 할 거야. 그러니까 자동차를 깨끗하게 하려면 나한테 다 오면 돼. 그런데 오늘은 세일이라고! 오늘은 물이 많으니까! 또 내가 처음으로 세차장을 하는 날이니까!"

　"야, 다 와가 뭐야? 너는 이제부터 우리한테 존댓말로 오세요 그렇게 해야지! 그래야 우리가 세차하러 가는 거야!"

　아이들의 페트병 놀이는 모래벽화를 그리는 놀이가 되었다가 세차장 놀이로, 극놀이로 확장되었다. 아이들의 놀이는 시작과 끝이 늘 달라서 무궁무진하다.

270

놀이는 결과가 아니라 과정이다. 잘 놀아야 한다는 이유로 놀이학교를 찾거나 체스나 장기, 바둑교실로 이끄는 부모들이 많다. 배울 기회가 없어서 못 배우는 것은 불행하지만 억지로 놀게 하는 것은 더 큰 불행이다.

인간을 호모 루덴스라고 하는 이유는 놀면서 즐거움을 느끼기 때문이다. 스스로 즐겁게 하기 위해서 인간은 적극적으로 탐색한다. 유아들에게 필요한 건 놀이를 위한 즐거움의 탐색이다. 탐색은 누군가의 안내로 하는 것이 아니라 스스로 즐길 때 일어나는 현상이다.

마음이 곧고
바른 사람이 되는 공부

인성과 감성은 학교나 학원에서 배울 수 없다.
친구 사귀기도 배울 데가 없다.
삶에서 가장 중요한 이런 요소들은 나이가 들어서
배울 수 있는 것은 더욱 아니다.
어릴 때 좋은 씨앗을 심어서 스스로 가꾸어나가야 한다.
유치원에서 배우는 가장 중요한 것은
정해진 커리큘럼에 없는 바로 이런 공부들이다.

나 알기,
이름을 불러주는 이유

선생님은 등원할 때 반갑게 아이의 이름을 불러주며 맞이한다. 기분 좋게 이름을 불러주는 것 자체만으로도 자신을 긍정적으로 생각하게 만든다. 선생님은 아이들과 이야기할 때도 가장 먼저 아이의 이름을 밝고 기분 좋은 음성으로 불러준다. 수줍어하거나 소극적인 아이들에게는 선생님이 먼저 다가가서 어깨를 다독이거나 아이들의 매무새를 살펴준다. 그러면 놀이에 끼어들지 못 하는 아이들도 자신 있게 성큼 놀이하는 곳으로 들어간다.

'나는 언제 어디서나 사랑받는 존재다!'

선생님은 유아들이 이런 느낌을 받도록 도와준다. 그것은 유아들에게 존재감, 혹은 자신감의 시발점이 되기 때문이다.

"나는 김수아예요. 나는 강아지를 키워요. 내 강아지의 이름은 몽이예요."

아이들은 보통 말을 할 때, 나라는 말을 자연스럽게 많이 쓴다. 자신을 중심으로 세상을 바라보기 때문이다.

이때 선생님은 '나를 나타낼 수 있는 방법은 무엇인지 생각해보기'를 끊임없이 자극한다. 특히 이름은 나를 다른 사람과 구분해주는 사회적 약속이다. 김수아는 세상에서 유일한 존재인 것이다. 이름을 통해 자신을 인지하도록 선생님은 이름표를 붙이기도 한다. 이름표를 만들어서 달기도 하고, 내 물건에 이름표를 붙여서 소유를 알게 한다.

그리고 무엇보다 유치원에서는 '나'가 존중받는다는 느낌을 가지게끔 한다.

"선생님 유치원에 오는데 개를 봤어요."

어른들은 놀랄 것도 없는 일상적인 이야기라고 여길지 모르지만 유치원 선생님에게는 아이가 말하는 것이 세상에서 가장 재미있는 이야기다.

"응. 수인이는 유치원에 오는 길에 개를 보았구나! 그런데 수인이가 개를 보았을 때, 개가 어떻게 했는데?"

"응······ 근데요······ 근데요······ 개가요, 개가 나를 보고요, 이렇게······ 응응······"

아무리 시간이 지나도 아무리 똑같은 말을 반복하더라도 선생님은 웃고 있다. 수인이는 선생님이 궁금하다는 표정으로 자신을 바라봐 주면서, 이야기를 계속할 수 있게 기다려주는 것을 안다. 수인이는 '응······ 근데요'를 여러 번 반복하면서도 계속 말을 끊지 않고 이어간다.

아이들은 학기 초에는 대부분 '응······ 근데요'를 반복하면서 자신의 이야기를 쉽게 하지 못한다. 하지만 학기가 지나면서 아이들은 자신이 원하는 말을 후딱 하고는 선생님은 남겨놓은 채 놀이터로 달려가버린다. 자존감이 훌쩍 성장한 것이다. 유치원 선생님들은 아이의 변화를 금방 알아차린다. 그리고 모든 아이들이 함께 성장하게끔 늘 살펴본다.

학기 초에 색종이를 만지작거리는 아이 곁에 다가가 "지은아 색종이 접어볼까?"라고 말한다. "나 이거 못해요!"라고 선생님에게 만지작거리던 색종이를 건네주면서 눈을 맞추지 않던 아이도 시간이 지나면서 "나 이거 잘 못해!"라고 색종이 접기를 못 하는 자신의 상황을 선생님에게 말한다.

못한다는 말이 부끄럽지 않다. 자신의 상황에 대해 선생님께 말할 수 있는 자신감은 생긴 것이다.

그러면 선생님은 색종이 접기 그림판을 보며 하나씩 설명하면서 접는 모습을 보여준다.

"지은아, 선생님이 그러면 접어볼게. 색종이 양쪽을 똑같이 접어서 이렇게 모서리가 만나게 하고, 그다음에는 그림을 보았더니 또 똑같이 모서리를 만나게 해서 한 번 더 접으라고 하네."

선생님도 처음 접어서 잘 접지 못 하는 사람처럼 그림판을 보면서 하나씩 따라 접기를 한다. 그러고는 "와, 이렇게 그림판을 보고 하나씩 따라해보았더니 정말 비행기 모양이 되었네. 지은아, 지은이가 한번 날려볼래?"라면서 지은이에게도 색종이 접기를 마친 후의 기쁨을 나누어준다.

색종이 비행기를 날려본 지은이는 "그럼 나도 선생님처럼 접어볼게요"라고 말하면서 조금 전 선생님이 보았던 그림판을 보면서 선생님과 함께 다시 한 번 따라 접어본다. 지은이는 이제 혼자서도 색종이 접기 그림판을 보면서 하나씩 따라 접을 수 있게 되었다.

어느 날부터인가 색종이 접기 책상에 앉아서 친구들에게 색종이 그림판을 보면서 색종이 접기에 대해 알려주는 지은이의 모습을 볼 수 있었다.

그때 선생님은 지은이의 모습을 보고 "와, 지은이가 이제는 친구들에게 색종이 접기를 어떻게 할 수 있는지 설명을 해주고 있네"라고, 적절하게 칭찬과 격려를 해준다. 그 순간 지은이는 자신이 노력하면 무엇이든 다 할 수 있는 멋진 사람이라고 생각하게 된다.

'아, 나도 못하던 색종이 접기를 하니까 정말 비행기가 되었네! 나비가 되었네!'라는 경험을 통해 앞으로도 새로운 것에 도전하게 된다.

"이제는 색종이 접기를 아주 잘 하고 있네. 비행기도 만들고, 나비도 만들었어. 지은이가 만든 비행기랑 나비를 친구들에게도 보여줄까? 지은이가 만든 비행기가 다섯 대나 되었어!"

선생님은 구체적인 상황에 대해 격려하고 칭찬해준다. 스스로 노력해서 성취한 기쁨을 경험해본 아이라면 다음에 어려운 상황에서도 자신이 하나씩 해볼 수 있는 용기가 생긴다. 지은이는 다른 사람에게 자신을 소개할 때 "나는 색종이 접기를 아주 잘 하고요"라고 자랑스럽게 말하게 된다. 그리고 당당히 바깥놀이터에서 열리는 종이비행기 날리기 대회에 참여도 한다.

더불어 살아갈 때 필요한
기본생활습관 익히기

유치원에 입학하면 몸과 주변을 깨끗이 하기, 바른 식생활하기, 건강한 일상생활하기, 질병 예방하기 등을 내용으로 하는 기본생활 교육이 시작된다. 유아에게 건강하게 생활하기가 중요하기 때문이다. 이런 것을 배우고 익혀 습관화하는 것은 더불어 살아가기 위해 꼭 필요한 과정이다.

유아 때 만들어진 기본습관은 인격형성이나 사회성 발달에 중요한 영향을 끼친다. 한번 만들어진 습관은 평생 변하지 않기 때문이다. 등원한 순간부터 유치원 문밖을 나갈 때까지 아이들은 자기 물건 사물함에 넣기, 놀이한 후나 간식이나 식사 전에 손 씻기, 실내에서 걸어 다니기, 변화하는 날씨에 알맞은 옷차림하기, 순서표 보며 양치하기, 반 친구들과의 약속 지키기, 음식 골고루 먹기를 한다. 하루하루

365일씩 세 번을 더 하면 굳건한 습관으로 자리잡는다.

가장 먼저 배우는 것은 인사다. 아침에 등원하면서 아이들은 친구들과 선생님에게 인사를 한다. 인사하기는 바로 예절교육의 시작이다. 선생님이 자신에게 인사하는 모습을 보면서 아이는 따라하게 된다. 등원하면서 아이는 "선생님, 안녕하세요!" 하고 배꼽인사를 한 다음, "친구들아, 나 왔어! 경민이 왔다고! 안녕!"이라고 인사를 건넨다. 인사를 받은 친구들도 우르르 나와서 다 함께 인사한다. 인사는 선생님이나 어른 먼저, 그다음에 친구들 순으로 한다. 어른에게는 고개를 숙여 배꼽인사를 하고, 친구들에게는 크게 "안녕"이라고 말하면서 손을 흔든다. 인사를 받으면 꼭 인사로 응답하는 것을 선생님의 행동을 따라하면서 익히는 것이다.

선생님은 유아에게 다가와서 새롭게 변한 것도 인사를 나누면서 말한다.

"지은아, 노랑 머리핀이 꼭 개나리꽃이 핀 것 같아!"라고 말하며 활짝 웃으면, 지은이도 "선생님, 내 머리에 노랑 핀이 개나리꽃 같아요"라고 빙긋 웃어 보인다. 그런 모습을 여러 번 본 아이들은 친구가 등원하면 친구의 달라진 모습을 살펴보기 시작한다. "안녕!"이라고 말한 다음에, 친구의 모습에서 어제와 다른 특이한 점을 발견하고 "어, 너 진짜 멋있어!"라고 알은체를 한다. "뭐가?"라고 물으면 "어……어……" 시간을 끌면서 특이점을 하나쯤 발견한다. 하다못해 양말의 무늬나 색이 변한 것이라도 발견하고 "너 진짜 주황색 양말 신었구나!"라고 말해준다. 그러면 친구들은 그때부터 양말에 눈길을 보내면서 "나는 연두색이야, 너는 빨간색이구나!"라고 대화를 이어간다. 등원할 때 시끌벅적한 이유는 이렇게 스쳐지나갈 수 있는 사소한 것들일지라도 서로에게서 발견하고 이야기를 나누기 때문이다. 인사는 친구에 대한 관심의 시작인 것이다.

이외에도 유치원에서 일과를 보내면서는 지켜야 할 언어 예절이나 기본예절 등을 배운다. 친구가 양보해주면 "고마워"라고 말하고, 무엇인가를 들고 있으면 도와주려고 하고, 문을 열려고 하면 먼저 열어주기도 한다. 친구의 행동을 읽고 배려하다 보면 예의 바른 태도가 절로 갖춰지는 것이다. 그러는 과정에서 다른 사람을 존중하는 것을 배우게 되고, 나의 행동을 절제하는 법을 익혀나가게 되는 것이다. 이러

282

한 태도들이 유치원에 다니는 2~3년 동안 쌓이면서 '습관'
으로 자리잡는다. 유아기에 좋은 습관을 만들어야 하는 이
유는 유아기에는 한번 형성된 습관이 변하지 않고 정형화
되는 특성을 지니고 있기 때문이다.

　이렇게 유아기 때 익힌 기본생활습관은 청소년기, 성인
기의 사회적 능력에 영향을 준다.

하늘 보면서 감성을 키워요

감성은 흔히들 타고나는 것이라고 하지만 감성 또한 배움을 통해서 얻어진다. "이것 예쁘지, 한번 봐봐"라고 강요하다시피 길가의 꽃을 보여준다고 생겨나지 않는다. 남자아이들은 그동안 쌩 하니 달아나버린다. 그러면 어머니들은 '남자아이라서 감성이 메말라'라고 생각할지 모른다.

그러나 감성은 입력되는 것이 아니다. 그것은 아이의 가슴을 열게 만드는 일이다. 아름다운 것만 보여준다고 해서 감성을 배울 수 있는 것도 아니다.

봄에 꽃이 필 무렵, 그리고 가을에 단풍이 질 무렵만 아름다운 것은 아니다. 초록 이파리들은 하루하루 모습이 다르다. 비가 오면 더욱 초록이 짙어진다.

"선생님 하늘이 파르스름해요."

파르스름이라고 말하는 순간 푸르기만 한 하늘은 푸른 물감이 드는 것처럼 청명하게 보인다. 바깥에 풀어놓은 아이들을 살피느라 잔뜩 긴장한 선생님도 이렇게 말을 거는 아이 앞에서는 멈출 수밖에 없다.

"그래서 저 노란 꽃이 더 샛노래 보여요."

글자를 가르치는 것은 쉽지만 저절로 느껴지게끔 하는 것은 쉽지 않다. 선생님들은 아이들을 보다 자연 가까이 데려다 놓는 역할을 한다. 선생님이 가만히 고개만 끄덕여주기만 해도 아이들은 세상 속으로 빠져 들어간다. 유치원 바깥놀이터에서 주변을 둘러보는 여유로운 시간이 허락되는 동안, 아이들은 평소 스쳐 지나가던 많은 것들에 눈길을 주고, 어제와 다른 모습을 관찰한다. 아이들은 하늘과 바람과 주변 나뭇잎까지도 눈길을 준다.

1분 혹은 5분 동안 아이들이 앉아서 하늘만 보고 있는 게 사실은 특별한 일이다. 옆에서 놀고 있는 친구들의 기척이 신경 쓰이는 데다 다른 아이들이 불러대고 있기 때문이다. 이렇게 온전히 집중하는 몇 분의 시간은 아이를 자연으로 인도한다. 이런 경험은 앞으로 자연을 느낄 줄 아는 사람으로 성장하는 거름이 될 것이다.

숲이나 들판에 아이들을 데려다 놓고 몇 시간 동안 자연을 느끼라고 하는 건 아이에게 힘든 일이다. "지금부터 새소리를 들어보세요!"라고 하는 것은 아이들에게 느끼기를 강요하는 것이다. 아이들 귀에 우연히 새소리가 들리고 바람소리가 들려야 한다. 느낌은 순간에 찾아오는 것으로, 그것을 연장할 수는 없다. 선생님과 아이들은 그런 순간이 오기를 가만히 기다리고 있을 뿐이다.

헬렌 켈러를 떠올릴 때 감동적인 장면은 설리번 선생님이 펌프의 물을 손에 떨어뜨렸을 때, 앞이 보이지 않을 뿐아니라 들리지도 않는 헬런 켈러가 "워터"라고 말하며 부르르 떠는 장면이다. 그 장면은 물이 주는 느낌을 처음 알게된 것이 얼마나 감동적인지를 보여준다. 이렇게 자연이 주는 색과 살랑거리는 느낌을 경험한 아이라면 앞으로 남은 시간 동안 더욱 맛보고 느끼며, 다채로운 아름다움에 감동하며 살 수 있을 것이다.

생일잔치를 하면서
진정으로 축하하는 마음
알아가기

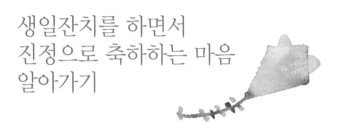

　유치원에서 가장 즐거운 날 중의 하루는 생일을 맞은 친구의 생일잔치를 해주는 날이다. 유치원생 수가 많더라도 유치원에서는 실제 생일날에 축하를 해준다. 생일을 맞은 아이는 기대감에 찬 행복한 모습으로 유치원 문에 들어선다. 물론 다른 날보다 조금 더 멋을 낸 옷차림으로 등원한다. 나비넥타이를 매거나 헤어용품으로 머리를 고정하는 등 누가 봐도 한껏 뽐내 특별한 날임을 광고한다.

　"너는 정말 소중한 아이야" "너의 존재 자체는 축복이야"라고 말로 하는 것보다 이렇게 모두가 모여서 축하를 하면 절로 '소중함'과 '축복'을 알게 된다.

　생일은 맞은 아이는 모든 친구들과 선생님의 관심을 받

고, 생일이 아닌 아이는 친구의 생일을 축하하기 위해서 카드를 쓰고, 목걸이를 만들고, 종이접기를 한다. 모두 생일 잔치에 즐겁게 참여함으로써 축하하는 것이 무엇인지, 반대로 축하받는 것이 어떤 느낌인지 체험하는 것이다.

생일을 맞은 아이는 생일 전날부터 설렌다. 선생님은 전날 하원하기 전에, 친구들과 하루를 지내는 동안 재미있는 일은 무엇이었는지, 혹시 속상한 일은 없었는지 묻는다. 그날 지낸 일을 이야기하는 시간이 끝나면, 선생님은 "내일은 현민이 생일이에요. 생일을 맞는 현민이를 어떻게 하면 기쁘게 해줄 수 있는지 집에 가서 생각해보고, 내일 유치원에서 만나요!"라고 말한다.

특히 평소에 크게 관심을 받지 못한 아이의 경우 자신이 하루 종일 주인공이 되는 특별한 날에 대한 기대와 기쁨은 이루 말할 수 없이 크다. 모든 친구들의 관심과 사랑을 받을 생각에 얼굴이 발그레 상기돼 있다. 등원하자마자 꽃목걸이와 고깔모자를 씌워주면 세상에서 가장 중요한 인물이 된 듯한 표정이다. 오늘 하루 어떤 일을 할 것인지 선생님이 이야기를 시작할 때, 가장 눈이 빛난다.

"개나리반 친구들, 오늘도 선생님이랑 개나리반 친구들이 모두 유치원에 와서 얼굴을 보니까 무척 반갑고 기분이 좋지요? 오늘은 9월 16일이에요. 그리고 목요일이에요. 그런데 또 오늘은 어떤 날이지요?"

"선생님 오늘은 현민이 생일이에요."

"와, 그렇구나! 어제 얘기한 대로 오늘은 현민이 생일 9월 16일이에요. 오늘 현민이가 다섯 살이 되었어요. 5년 전 9월 16일에 현민이가 엄마 배 안에서 세상에 처음 나와서 응애 하고 울었어요. 현민아! 앞으로 나와보세요!"

고깔모자를 쓴 현민이를 앞에 세우고, 선생님은 또 말을 이어간다.

"현민이, 생일 축하해요! 개나리반 친구들은 현민이 생일을 어떤 방법으로 축하해줄 건지 어제부터 생각해보았지요? 오늘 자유놀이 시간에는 현민이 생일선물을 준비해보는 시간을 가지기로 해요."

두 시간 남짓한 자유선택 활동시간, 아이들은 평소에는 자신의 즐거움을 위해 놀이를 했다면 오늘은 현민이를 기쁘게 하기 위해, 타인을 위한 시간을 보내게 된다.

준비가 끝나면 친구들이 한 명씩 손을 들어 현민이 곁에 나온다.

"현민아 생일 축하해. 그리고 지난 번 내 생일에 색종이 목걸이를 만들어주어서 기뻤어. 그래서 나도 네 생일 선물로 색종이 목걸이를 만들었어."

또 다른 아이는 앞으로 나오는데, 손에 아무것도 가지고 있지 않다.

"현민아, 나는 너랑 놀 때 제일 기분이 좋았어. 그런데 지난 번 게임을 할 때 내가 실수로 너를 넘어뜨렸는데, 그때 네가 아파서 많이 울었잖아. 진짜 미안했어. 지금은 안 아프지? 나는 너랑 초등학교에 가서도 사이좋게 친구 하고 싶어. 그래서 내 선물은 너를 업어주는 거야."

친구가 현민이에게 등을 돌리자 현민이는 앉아 있던 의자에서 일어나서 친구의 등에 업힌다. 그때 현민이가 색종이 목걸이를 받았을 때보다 더 기쁜 표정을 짓게 되면 그 다음부터는 갑자기 놀이시간에 준비했던 종이칼, 찰흙으로 빚은 축구하는 사람 모형은 뒷전으로 밀린다. 친구들은 모두 빈손으로 나오기 시작한다.

"현민아! 나는 너랑 사이좋게 지내고 싶어. 그래서 노래를 불러줄게."

그러면 순식간에 개나리반 아이들이 모두 노래를 따라 불러, 축하 독창이 합창으로 변해 교실 안을 울린다.

그다음에 나온 친구는 현민이에게 귀엣말을 한다. 현민이가 "응"이라고 말하면서 얼굴을 내미는 순간, 현민이 볼에 뽀뽀를 해준다.

친구를 기쁘게 해주기 위한 경쟁이 붙어 점점 창의적인 선물들이 쏟아져 나오기 시작한다. 아이들의 선물은 성장과 함께 달라진다. 3세반일 때는 한 아이가 선물로 주기 위해 종이접기를 하면, 모든 친구들이 따라해서 반 아이들 수만큼 종이접기를 선물로 받는다. 4세쯤 되면 생일에 색종이를 접어 만든 선물도 있지만 그림선물, 친구에게 하고 싶은 말을 선생님께 물어서 쓴 생일축하 카드를 한아름 받는다. 그러다 만 5세쯤 되어서는 친구가 좋아할 거라고 생각하는 다양한 이벤트를 선물로 준비한다. 색종이 접기, 그림 카드, 노래 불러주기, 업어주기, 뺨에 뽀뽀해 주기, 앞으로 다섯 번 바깥놀이터에서 그네 밀어주기, 놀이할 때 열 번 놀잇감 양보해주기 등 선물 목록이 정말로 다양해진다. 그리고 삐뚤삐뚤 쓴 맞춤법 틀린 축하카드도 많아진다.

'현민아 생일 추하해 사이조케 놀자 학교 가서 형아 되서도 조은 친구하자!'

아이들은 늘 오는 유치원에서 날마다 조금씩 자란다. 생일을 축하하는 모습에서도 그 성장이 드러난다. 점점 친구가 어떤 선물을 받고 더 기뻐할지 친구의 입장에서 생각해보고 선물을 준비한다. 일 년에 한 번 학급 아이들 중에서 가장 존재감 넘치는 주인공이 되는 생일날, 아이들은 다른 날보다 한 뼘 더 자란다.

선물을 준비하는 아이들을 보면, 어떨 때는 그 선물이 자신이 원하는 것인지 친구가 원하는 것인지 모를 경우도 있다. 친구가 원하는 것을 준비하는 아이는 세심한 아이며, 자신이 원하는 것을 선물하는 아이는 나눌 줄 아는 아이다. 자신이 갖고 싶은 마음을 꾹 누르고 친구를 위해 선물을 준비한 것이다. 아이들은 이런 행사를 통해서 즐거움을 주고받는 것, 마음을 주고받는 것, 그리고 자신이 개나리반 혹은 난초반의 일원이라는 끈끈한 유대감을 느낀다.

아이의 마음이란 이렇게 자세히 보아야만 보인다. 고급스런 포장의 비싼 선물을 좋아하는 어른들은 이런 마음을 잘 모른다. 생일이라고 촌스럽게 잡동사니만 잔뜩 받아왔다고 하면서 가방을 싹싹 비우는 부모도 있다. 혹시 부주의로 가방을 정리하다 버린다거나 "이거 뭐야? 시시한데?"라고 하면, 아이는 울음을 터뜨리면서 화를 낼 것이다. 기쁨의 시간, 그리고 자신이 소중히 여기는 것에 대해 인정을 받지 못했기 때문이다. 아이들에게는 잘 포장된 비싼 생일 선물보다 색종이에 싼 지우개 선물이 훨씬 가치 있다. 생일 준비를 통해 아이들은 바로 그 마음을 함께 배운다.

학원에서 절대로 배울 수 없는 과목, 친구 사귀기

정윤이 어머니는 선생님과 면담을 하다 놀라운 사실을 알게 되었다. 민수라는 친구가 아침마다 뽑기 기계에서 장난감을 뽑아서는 정윤이에게 선물로 준다는 것이다. 그런데 정윤이는 장난감만 쏙 받고는 민수와 놀아주지 않는다고 했다. 직장생활로 바쁜 정윤이 어머니는 선생님 앞에서 얼굴이 빨개졌다.

'제대로 보살펴주지 못해서 사회성 발달이 제대로 안 이루어졌나?'

정윤이 어머니는 그날 저녁, 많은 걱정을 하며 정윤이와 마주앉았다.

"정윤아, 민수에게서 장난감을 선물 받았다면서?"

"예. 자꾸 아침마다 선생님 몰래 살짝 뽑기 장난감을 줘."

"민수가 정윤이랑 좋은 친구 하고 싶은가 봐."

"민수랑 나랑 지금도 친구인데?"

"민수랑 잘 안 논다는데?"

"잠깐잠깐 놀아요. 그런데 계속 놀지는 않아. 민수랑은 소꿉놀이 재미없어요."

정윤이 어머니는 정윤이와 민수 사이가 어떤 사이인지 이해를 하지 못했다. 정윤이는 민수가 친구라고 대답하면서도 계속 노는 친구는 아니라고 했기 때문이다. 그 비밀은 몇 개월 뒤에 제일 큰형님반이 되어서 풀렸다. 정윤이 어머니는 새로운 담임선생님과 면담을 했다.

"정윤이는 남자 아이인데도 여자 아이들과 소꿉놀이를 참 좋아해요 그리고 엄마 역할을 하는 아이에게 항상 아침 식사를 한 뒤에 나가야 한다고 말하거든요. 자기는 회사에 간다고 하면서, 엄마 역할 여자 친구에게도 빨리 출근하자고 이야기해요. 함께 놀자는 아이는 민수인데, 정윤이와 민수는 좋아하는 놀이도 다르고 놀이하는 패턴도 달라요. 정윤이는 친구들하고 이야기를 주고받으면서 노는 반면 민수는 거의 말을 하지 않는 편이에요. 그러다 보니 민수랑 정윤이는 함께 놀이하기 어려운 거죠. 놀이 영역이 전혀 다르잖아요."

어른들이 보기에 이 둘의 관계는 '의외'다. 정윤이는 민수가 누구에게나 친절하고 양보도 잘 하는 친구이기 때문에 민수를 '좋아하는 친구'라고 생각했다. 그래서 민수가 뽑기 장난감을 선물로 주면 고마워하면서 받았다. 민수는 정윤이가 뽑기 장난감을 좋아하니까 엄마를 졸라서 뽑았던 장난감을 아침마다 가지고 와서 정윤이에게 선물했던 것이다. 이렇게 좋아하는 친구에게 선물을 주고, 또 좋아하는 친구가 주는 선물을 기쁜 마음으로 받는 행동이 친구관계이다.

교실 안에서 정윤이는 비스듬히 앉아서 책을 보거나 이야기 나누기 놀이를 하고 있고, 민수는 친구들과 말없이 주사위를 던지거나 퍼즐 맞추는 걸 즐겼다. 바깥놀이 시간에 보면, 민수는 아이들과 뛰고 달리느라 여념이 없고, 정윤이는 땀 흘리며 놀기보다 여자 친구들이랑 미끄럼틀 아래에서 소꿉놀이를 했다. 게다가 정윤이는 그림책 읽기를 좋아하고 말놀이를 좋아하는 어휘력이 뛰어난 아이였다. 반면 민수는 과묵한데다 단답형으로 대답하다 보니 긴 대화가 잘 이루어지지 않았다. 이런 차이에도 둘은 또 서로를 좋아했다. 정윤이와 민수는 등·하원 시간에 유치원 버스를 함께 탔는데, 그 짧은 동안 정윤이의 어떤 말이나 행동이 민수를 기쁘게 했을 것이다. 아이들이 친구를 사귈 때는 정해진 방식이나 답이 없다.

이런 아이들의 친구관계를 어른들은 잘 이해하지 못한다. 선생님은 민수와 정윤이를 위해 어떤 개입도 하지 않고 다만 지켜보기만 했다. 둘은 게임을 할 때 같은 편이 되기도 하는 등 유치원에서 일어나는 여러 활동 속에서 어울렸다.

요즘 부모들은 자녀가 공부 잘 하기를 바라는 것은 물론, 좋은 친구를 사귀었으면 하는 바람으로 친구조차 소개해준다. 왜냐하면 타인과 좋은 관계를 형성할 수 있는 능력이 학교생활을 하면서 매우 중요하다는 것을 알고 있기 때문이다. 그런 부모님의 마음을 반영하여 심지어는 친구 만들기를 책임지겠다고 광고하는 학원도 있다. 그러나 아이들의 친구관계는 어른들, 특히 부모가 개입하려는 순간, 오히려 망쳐버리는 경우가 많다.

대부분의 부모님들은 공부를 잘 할 수 있는 방법은 잘 알고 있지만 어떻게 하면 친구들과 즐거운 학교생활을 할 수 있는지 그 방법은 모른다.

그 비결은 예전의 동네 놀이터에서 찾을 수 있다. 한때 아이들 노는 소리가 끊이지 않은 적이 있었다. 그때는 또래들과 어울려 노는 동안 친구의 표정을 살펴보면서 친구의 마음까지 이해할 수 있었다. 항상 주변에는 친구가 있었고, 친구와 함께 자연스럽게 눈으로 보고, 귀로 듣고, 손으로 만져보면서 세상의 많은 것들에 대해 알아갔다.

친구와 잘 지내는 방법을 알려면 타인과 함께 지내는 경험 자체가 많아야 한다. 아이들은 실제 자신의 손으로 만져보고, 귀로 듣고, 눈으로 보는 등 온몸을 통해서 자연스럽게 사물에 대한 지식과 타인에 대한 이해 능력을 키워간다. 동네 놀이터가 사라져가는 지금, 유일하게 남아 있는 놀이터는 유치원이다. 어른의 간섭 없이 친구를 사귈 수 있는 곳이기 때문이다.

위로하고 위로 받는 법 배우기

공감능력! 사회생활에서 가장 중요한 능력으로 꼽힌다. 아이들이 공감능력을 습득하는 방법은 주변을 통해서다.

교실에서 선생님의 주목을 가장 먼저 받는 아이들은 우는 아이들이다. 선생님과 이야기를 하고 있던 아이들도 그럴 때는 선생님을 우는 아이에게 양보한다. 심지어 우는 아이에게 선생님을 데려다주기까지 한다.

"선생님, 지민이 울어요."

"그래?"라고 대답하며 선생님은 지민이 쪽으로 향한다. 물론 다른 친구가 말하기 전에 알더라도 운다고 말해준 아이와 눈을 맞추어준다.

"지민아, 왜 울어? 지민이 속상한 일 있었나 보다."

"울…… 먹…… 쪄여!"

선생님도 우리 나이로 다섯 살, 만 3세반 유아의 말은 3~4월까지는 정확하게 알아듣기 어렵다. 특히 어머니에게 떨어져서 처음 유치원에서 지내는 유아라면 더욱 그렇다.

"응, 그런데 지민아 울면서 이야기하니까 선생님이 알아들을 수가 없어. 그러니까 울지 말고 천천히 또박또박 이야기해줄래?"

"응. 엄마가. 아…… 아까……"

이전보다 조금 더 알아들을 수 있지만 정확한 내용은 알 수 없다. 그러면 곁에 있는 또래 아이가 말한다.

"선생님, 지민이가 한 말 알아요?"

"지민이가 엄마랑 유치원에 오면서 속상한 일이 있다고 했는데, 선생님도 정확하게 잘 모르겠어."

이때 곁에서 지민이가 왜 우는지 가만히 지켜보던 민경이가 상황을 말해준다.

"선생님 지민이가 엄마랑 유치원에 와서 엄마랑 바이바이 했는데, 엄마가 또 보고 싶어서 뒤돌아보았더니 엄마가 그냥 갔대요. 그래서 속상한가 봐요."

지민이는 11월생 남자아이고, 민경이는 3월이 생일인 여자아이다. 아이들 중에는 말을 잘하는 아이들이 분명 있다. 이런 아이들은 지켜보기와 귀 기울여 듣기를 잘하는 아이들이다.

"아, 지민이가 엄마한테 한 번 더 인사하고 싶었는데, 엄마는 동생 수민이를 업고 계셔서 빨리 집에 가시느라고 지민이가 한 번 더 인사하는데, 못 보고 바쁘게 가셨구나. 그래서 지민이가 많이 속상했구나! 그럼 어떡하지?"

민경이는 지민이를 말끄러미 보면서 등을 토닥토닥 두드려주었다.

"울지 마, 지민아. 나랑 엄마 놀이하면 되잖아!"

위로가 필요한 아이들 옆에는 늘 위로해주는 친구가 있다. 간혹 "내가 먼저 말했잖아!" "나도 말하고 싶어!"라고 여러 명이 선생님께 말하려고 하지만 아이들은 적절히 조절한다. 아이들은 스스로 급해 보이는 아이에게 선생님을 양보한다. 그리고 친구의 이야기에 귀를 기울인다. 이런 일상이 쌓이면서 아이들은 자신의 감정을 효과적으로 드러내는 법, 그리고 친구를 위로하는 법 등을 익히게 된다.

그러다 보면 아이는 어느 날 갑자기 의젓해 보인다.

네 탓이라고 말하지 않고
내가 속상하다고 말하기

유치원에서 두세 명의 유아가 놀이하다 보면 갈등이 발생한다. 이때 선생님은 갈등중인 아이들이 개별적으로 느낄 수 있는 기분에 대해 구체적으로 이야기해준다.

"빨간 자동차를 가지고 놀고 싶었는데, 정민이가 먼저 가지고 있어서, 민지가 빨간 자동차를 빼앗았구나!"

먼저 선생님은 민지의 감정을 정확히 언어로 표현해준다. 그리고 함께 놀이하는 또래에게 화를 내는 아이가 자신의 분노를 언어로 표현할 수 있도록 도와준다.

"블록으로 열심히 만든 도로를 민준이가 무너뜨려서 화가 났구나. 그럼 세민아! 내가 만든 도로를 네가 무너뜨려서 나는 화가 많이 났어. 내가 정말 열심히 만들어서 멋있는 건데라고 말해보렴!"

그러면 세민이는 "내가 만든 도로를 네가 무너뜨려서 나는 화가 많이 났어. 내가 정말 열심히 만들어서 멋있는 건데"라고 또박또박 자신의 감정을 말한다.

　이때 중요한 것은 부정적인 감정을 긍정적으로 표현하고, 다른 친구의 감정이나 생각을 해석해 선생님이 아이에게 알려주는 것이다.

　"네가 내가 만든 걸 무너뜨렸잖아. 네가 잘못했잖아!" "내가 만든 걸 무너뜨려서 넌 나빠!" 같은 원망이나 분노가 담긴 말을 상대방에게 하지 않게 한다.

　'너'를 향한 비난이 아니라 '나'의 속상함을 말하는 '나' 화법을 구사하면 대부분은 상대가 느끼는 속상함에 먼저 주목하게 된다. 아무리 어릴지라도 친구가 속상해하고 있는 것을 알면 "미안해, 잘 모르고 그런 거야"라는 사과가 저절로 나온다. 심지어 "너무 속상하겠다!"라며 따라 울기도 한다. 그러면 문제 상황은 저절로 종결된다.

　선생님은 한편으로는 갈등을 해결하기 위해 문제가 되는 상황 자체를 없애는 방법을 쓰기도 한다. 같은 문제가 지속적으로 일어날 가능성이 있을 때 쓰는 방법이다. 모든 아이가 가지고 싶은 놀잇감의 수가 제한되어 갈등이 반복적으로 생길 것 같으면, 새로운 놀이를 생각해내도록 도와준다.

　동일한 놀잇감을 가지고 싶은 마음 때문에 또래의 놀잇감을 움켜잡으며 떼를 부리는 일이 간혹 일어난다. 누구든 자신이 원하는 것을 모두 가질 수는 없는 법이다. 일상에서 이것을 경험함으로써 자신을 절제하는 법도 유아기 때 반드시 익혀야 한다. 이럴 때 선생님은 놀잇감을 가지고 싶어하는 마음과 가질 수 없는 이유에 대해서 구체적으로 말해준다. 선생님이 이런 방법으로 갈등을 해결하는 것은 아이들에게 좋은 본보기가 된다. 다음에 이런 일이 일어났을 때, 아이들은 선생님을 따라하게 되기 때문이다. 큰소리를 내던 아이들이 잠시 조용해지면 선생님은 대화를 시도한다. 상대 아이가 놀잇감을 빼앗겼을 때 기분이 어땠는지 구체적으로 이야기해주고, 이야기를 듣는 동안 잘 참고 기다려준 아이의 태도를 칭찬해 유아들의 감정을 존중해준다. 아이들은 어른들의 말씀처럼 싸우면서 자란다. 이것은 꼭 필요한 성장의 한 과정이다.

성인지감수성은
여자색 남자색을 없애는 것부터

유치원에 입학한 아이들이 가장 많이 사용하는 말은 남자색, 여자색이라는 말이다.

"왜 여자색을 입었냐?"

분홍색 반바지를 입고 온 남자아이를 놀리는 아이도 간혹 있다.

만 3세반에는 하늘색 니트 상하의를 입고, 찰랑찰랑한 바가지 머리를 한 민진이가 있다. 화장실에 함께 들어간 태민이가 변기에 앉으려는 민진이를 잡아끌었다.

"야, 너도 여기 서서 오줌 누는 거야? 여긴 유치원이지 집이 아니잖아!"

유치원에는 남아용 소변기가 있으니까, 가정에서처럼 좌변기를 사용하지 말라고 알려준 것이다.

"아니야, 나는 이렇게 앉아서 쉬하는 거 맞단 말이야!"

선생님은 아이들이 화장실에서 목소리를 높이는 것을 듣고 달려갔다. 아이들은 소변을 보는 방법에 대하여 갈등을 빚고 있었다. 남자는 어떻게 소변을 보고, 여자는 또 어떻게 소변을 볼까? 소변 보는 방법도 남녀가 다를까? 소변을 누는 방법을 두고 남자, 여자를 나누다 보니 생긴 말싸움이었다. 선생님은 민진이가 누고 싶은 쪽에서 누라는 것으로 갈등을 해결했다.

성역할은 사회에서 남성과 여성에게 각각 기대하는 행동 양식이다. 남자다움 여자다움으로 일컬어지는 것이 성역할과 관련된 대표적인 기대이다. 영유아는 부모와 교사 등 주변 사람들에 의해 남성과 여성에 적합한 행동의 틀을 몸에 익히게 된다. 유아가 성역할을 이해하고, 그에 따라 행동하는 것은 사회화하는 과정에서 꼭 필요하다.

특히 두 살부터 네 살 사이는 성정체성이 확립되어 가는 시기다. 아이들은 자신이 남녀 중 한쪽 성별에 속해 있다는 것을 인식한다. 자신이 남자아이 또는 여자아이라는 것을 이해하며, 자신이 남자아이인지 여자아이인지 계속 분류

한다. 만 3세가 되면 대부분의 유아는 자신의 성을 인식하고 정확한 성 명칭을 사용한다. 대부분의 유아는 자신의 성을 뚜렷하게 인식하고, 머리모양이나 옷차림 등으로 성별을 구분한다. 만 4세가 되면 유아는 성에 대한 사회적 규범에 따라 적절한 행동을 나타내며, 사회적 기대에 보다 충실해진다. 그러나 겉모습이 바뀌더라도 성이 바뀌지 않는다는 사실을 아직 깨닫지는 못하기 때문에 성에 따라 남자색, 여자색 등으로 구분해서 쓴다.

만 5~6세가 되면 자신의 성이 변하지 않고 성인이 되어서도 지금의 성이 유지될 것이라고 인식한다. 이러한 성안정성을 인식하기 시작하면 성에 대한 선호도가 두드러져 자신과 동일한 성에 대해 적극적인 호감을 표시한다. 긍정적인 것은 모두 자신의 성에 관련시키고, 부정적인 것은 다른 성에 속하는 것으로 분류하는 경향을 보인다.

유아를 대상으로 한 성교육은 성지식을 단순히 전달하는 것을 넘어 성에 대한 건전한 태도와 인격적인 행동을 할 수 있도록 돕는 광범위한 인성교육까지 포함한다. 민진이와 태민이는 여자와 남자의 다름에 대해서 인지하고 있다. 그런데 태민이는 그 다름을 아직은 어떻게 받아들일지 몰라 '남자=양변기'라는 공식에서 벗어나지 않은 것이다.

유치원에서 성교육을 하는 목표는 성인지감수성을 기르기 위해서다. 그러기 위해서는 생물학적으로 남자와 여자가 다름을 알고, 남자와 여자가 모두 중요하다는 사실을 깨닫게 해야 한다. 자신의 몸뿐 아니라 다른 사람의 몸도 소중히 여기는 자세를 갖게 하려면 소중함에 대한 깨달음이 있어야 한다.

그러나 대부분의 부모들은 성교육에 대해서 다른 어떤 교육보다 어렵게 생각한다. 남자와 여자의 다름에 대해서 설명하는 것조차 어려워한다. 다섯 살 아들이 불쑥 아기가 어떻게 생기는지 알려달라고 하거나 부부침대로 와서 이불을 들춰 보면서, "아이를 어떻게 만들어?"라고 물으면 꿀 먹은 벙어리가 된다. 아이들은 아기가 어떻게 태어나는지 궁금한 나머지 집요하게 질문을 해댄다. 드라마를 보다가도 아이가 "뽀뽀한다!" 혹은 "저 사람들이 서로 사랑하는 거야!"라고 말하기도 한다. 부모들은 그때 어린 아이들에게도 성에 대한 관심이 있다는 사실에 놀라 당황해한다.

그래서 유치원에서는 '아기의 출생'을 통해 다름과 소중함을 동시에 이야기한다. 선생님은 신체 그림을 통해서 엄마의 아기집에 아빠의 아기씨가 들어와서 아기가 생긴다고 말해준다.

선생님에게 아이가 어떻게 생기는지 설명을 듣는 중에도 아이들은 자유롭게 질문한다.

"선생님, 아빠는 어디서 소변이 나오는지 알겠는데, 엄마는 소변이 도대체 어디서 나와요?"

선생님은 남자와 여자의 몸 그림 자료를 보면서 신체 각 부분의 명칭과 기능에 대해서 알려준다. 성기의 정확한 이름인 음경과 음순에 대해서 설명하고, 우리 몸에서 왜 필요한지도 말해준다.

"개나리반 친구들, 우리 몸은 몇 개인가요?"

"한 개? 두 개?"

"어, 자기 몸이 두 개 세 개 있는 친구도 있어요? 나는 이 세상에 단 하나뿐이에요, 옆의 친구들을 한번 보세요. 키도 다르고 얼굴도 다르고 머리 모양도 달라요.

"예! 다 달라요."

"우리 친구들은 여자 친구도 있고 남자 친구도 있지요? 어떻게 여자인지 남자인지 알 수 있어요?"

선생님의 질문에 아이들은 머리모양, 치마를 입을 수 있는 것, 바지를 입을 수 있는 것 등으로 대답한다. 선생님은 남자도 치마를 입을 수 있으며, 여자와 남자는 몸이 다르다고 말해준다. 선생님은 설명을 쉽게 하기 위해서 인형을 가지고 나간다.

"인형 친구가 목욕을 하려고 옷을 벗고 있으니까, 인형을 불러볼게요. 인형이 옷을 벗었다고 놀리지 말고, 우리를 도와주러 왔으니까 한번 만나보아요!"

선생님은 여자인형의 성기를 가리키며 속옷을 입은 곳은 음순, 남자인형의 성기를 가리키며 속옷을 입은 곳은 음경이라고 말한다. 인형의 가슴과 항문 부위도 보여주면서 정확한 이름을 알려준다.

"찌찌나 똥꼬는 아가들이 어렸을 때 말하는 이름이에요. 이제부터는 가슴, 항문이라고 말해주어요. 그런데 우리 친구들은 어른들의 몸과 다르게 생겼어요. 인형 친구들의 엄마 아빠도 선생님과 함께 왔어요."

선생님은 어른인형을 가지고 어른이 되면 몸이 어떻게 변하는지도 설명한다.

"엄마의 음순에는 별님이와는 다르게 털이 있어요. 여자 친구들은 어른이 되면 음순과 연결된 곳에 아기가 자랄 수 있는 아기집이 준비가 되는데, 털이 나면 아기집을 안전하게 보호해줄 수 있어요. 자, 엄마는 별님이의 몸과 또 다른 부분이 있어요. 어디인지 아는 사람? 엄마의 가슴은 별님이보다 많이 커져 있어요. 엄마 가슴의 정확한 이름은 유방이에요. 유방은 아기가 먹는 젖이 들어 있는 방이란 뜻이에요. 우리도 다 엄마 젖을 먹고 이렇게 많이 커서 개나리반 형님이 된 거예요."

선생님이 아빠 인형을 들고, 아빠의 음경은 달님이보다 크고, 엄마처럼 털이 나 있다고 말해준다. 남자 친구들도 아빠처럼 어른이 되면 아기를 만들 수 있는 아기씨가 준비되는데, 이렇게 털이 나서 안전하게 몸을 보호해준다고 말한다. 선생님은 성교육을 통해 남자든 여자든 모두의 몸은 소중하다는 것을 말한다.

"싫어요"라고 말할 수 있고, "싫어요"라고 할 때 멈출 수 있기

성교육을 할 때 인체의 구조를 말해주는 것은 성의식을 교육하는 것보다 훨씬 쉽다. 중요한 것은 상대방의 몸도 존중하는 성인지감수성이다.

"나의 몸이 소중한 만큼 친구의 몸을 소중히 여겨주어야 겠지요? 우리는 친구랑 악수도 하고, 어깨동무도 하고, 손도 잡고 머리도 만져주고, 좋아하는 마음을 몸으로 말할 때도 있어요! 우리 친구들은 좋아하는 마음을 몸으로 표현할 때가 있나요?"

선생님은 그림을 보고 상대방의 마음이 어떨지 생각해보라고 한다.

"친구들이 어떤 모습을 하고 있나요? 서로 안아주고 있어요. 두 사람은 같은반 친구예요. 이렇게 친구를 꽉 안았어요. 어어, 그런데 친구의 표정은 알 수가 없네요! 우리 친구들이 그림 친구의 기분은 어떨까 생각해보고 표정을 만들어주세요."

각 그림은 미묘한 차이를 보여주고 있다. 안아주는 친구는 좋아하는 마음으로 친구를 껴안을 수 있지만 안긴 친구는 안는 것이 불편하고 싫을 수도 있다. 아이들은 기뻐하는 얼굴, 싫어하는 얼굴, 화가 난 얼굴을 그렸다. 선생님은 아이들을 한 사람씩 앞에 나오게 해서 그 이유를 물었다.

"저렇게 꽉 안으면 싫을 거 같아요."

"용기 있게 앞에 나와서 잘 말해주었어요. 내가 불편하고 싫으면 껴안는 것은 '싫어!'라고 말해보세요. 친구가 '싫어!'라고 한다면 어떻게 할까요?"

"미안해라고 해요."

"안 할게라고 해요."

아이들은 상대방이 싫어하는 행동을 할 때, 어떻게 해야 하는지 알고 있었다.

"친구가 '싫어'라고 한다면 반드시 그 행동을 멈추어야 해요. 우리 몸은 소중하기 때문에 특별한 규칙을 갖고 있어요. 우리 몸 중에서 속옷이나 수영복을 입어 가린 곳은 누구도 함부로 보거나 만져서는 안 돼요! 병원에서 치료를 받거나 목욕탕에서 씻을 때처럼 옷을 벗어야 할 때도 있지요. 하지만 특별한 이유없이 누군가 나의 속옷 입은 곳을 함부로 보여달라거나 만지려고 한다면 어떻게 해야 할까요?"

선생님은 "싫어요, 안 돼요!"라고 분명하게 말하고, 부모님이나 선생님처럼 나를 돌봐주시는 어른에게 말씀드려서 도움 받아야 한다고 말했다.

선생님은 아이들에게 여러 장의 사진을 더 보여준다. 싫은 표정인데도 일방적으로 껴안는 모습, 놀이 중 속옷을 들추는 모습의 사진을 보여주면서 이런 행동은 절대 해서는 안 된다고 말한다.

성교육은 유치원에서 유아를 대상으로 하지만 사실은 부모도 함께 받아야 하는 부분이다. 부모들도 아이들을 억지로 껴안거나 뽀뽀를 해서는 안 된다. 술에 취해 들어온 가장이 아이들을 껴안는 행동을 한때 자연스럽게 생각한 적 있었다. 할머니 할아버지들이 귀여워하느라 손자의 고추를 만지려고 하기도 한다. 아이들이 "싫어요!"라고 도망가더라도 귀엽다며 안아주려고 한다.

그러나 가정에서 부모도 아이들에게 뽀뽀를 하거나 안을 때 아이들에게 물어보아야 한다. 예를 들어 일곱 살짜리 딸과 다섯 살짜리 아들이 싫어하는데도 아버지가 뽀뽀를 하려고 하면, 아이들은 아버지에게 반항하지 못할 것을 알기 때문에 마지못해 허락한다. 아버지가 싫어할까 봐 거절 못하는 경험을 하게 되면, 아들과 딸은 같은 상황에서 다른 사람에게도 거절하지 못하게 된다. '어른들이 억지로 하면 싫더라도 나는 힘이 없어 거절하지 못한다'라고 그 순간 뇌에 각인되기 때문이다. 어른에게 "싫어!"라고 말하는 것은 아이들에게는 엄청난 용기가 필요한 행동이다.

유치원에서 유아들에게 성교육을 하면서 제일 강조하는 점은 상대방의 행동에 대해서 내가 싫을 때, "싫어요! 안 돼요! 내 몸은 소중해요!"라고 큰소리로 말하게 하는 것이다. 그런데 실제 가정에서 제일 편안하게 생각하는 양육자에게 이런 말을 해본 적이 없다면, 가족 이외의 사람들에게는 더욱 쉽게 할 수 없게 된다. 아이를 독립된 인격체로 대한다면 '자신의 의사 표현'을 가정에서도 충분히 받아들여지게 해야 한다.

성교육은 피해에 대한 교육도 중요하지만 가해자가 되지 않도록 성인지감수성을 키우는 것이 어쩌면 더욱 중요하다. 성인지감수성은 양성평등의 관점으로 일상생활 속의 성차별적 요소를 감지해내는 민감성이다. 그리고 그 첫 걸음은 "싫어요"라고 말할 수 있는 것, "싫어요"라고 말할 때 멈출 수 있는 것을 일상에서 실천해나가는 것이다.

아이에게는 어른과 전혀 다른
성적 호기심이 있대요

성적인 행동은 아이들과 어른의 것이 전혀 다르다. 칸트는 아이들의 거짓말은 거짓말이 아니라고 했다. 판단력이 미숙하기 때문에 거짓말을 하려는 의도가 없기 때문이다. 마찬가지로 이것은 성적인 행동에 대해서도 적용된다. 성적 행동은 아이들에게는 아직 호기심 그 이상이 아니다.

아이들에게는 어른들이 성적인 행동으로 오인하는 습관들이 있다. 그중에 대표적인 것이 자신의 성기를 만지는 것이다. 남자아이의 경우 집에서 성기를 만지던 아이들은 유치원에서도 만진다. 이러한 행동은 매우 흔한 경우로 놀라지 않아도 된다. 성기를 만지는 행동은 남자아이들에게 좀 더 흔한데, 이유는 성기 자체가 외부로 돌출된 형태이다 보니 손이 가는 경우가 많기 때문이다. 하지만 여자아이들은 위생상 좀 더 주의를 기울여야 한다.

아이들에게도 손가락을 빠는 경우나 손톱을 물어뜯는 경우처럼 성기를 만지는 것은 위생적인 측면에서 안 좋기 때문에 안하면 좋겠다고 설명해준다. 성기는 워낙 신체적으로 약한 부위이다 보니 상처도 많이 날 수 있다고 말한다.

성기를 만지는 행동은 평소에는 안하다가 돌발적으로 일어나기도 한다. 동생이 생겼거나 다른 이유로 스트레스가 많은 경우 평소와 달리 안하던 행동을 하는 것이다.

유치원에서는 남자아이든 여자아이든 손이 분주한 상황이 되면 손으로 성기를 만질 틈이 없게 된다. 이런 아이들이 있으면, 선생님은 밀가루 점토놀이나 찰흙놀이, 그리기놀이 등 손으로 감촉을 즐기면서 즐겁게 할 수 있는 놀이를 더욱 많이 한다. 이런 놀이는 손을 쉴 틈 없이 바쁘게 만들어줄 뿐 아니라, 긴장이 이완되는 효과도 있다. 이런 놀이를 하는 동안 성기를 만지는 행동은 자연스레 사라진다.

어른들은 아이들의 이 행동에 많은 오해를 한다. 아이들이 성기를 만지는 행동은 머리카락을 만지거나 손가락을 빠는 행위와 비슷하다고 생각하면 된다. 아이가 손으로 자신의 성기를 만질 때마다 주의를 주거나 혼내거나 벌레가 들어간다고 말하는 것은 좋지 않다. 그보다 모른 척, 못 본 척하면서 손으로 할 수 있는 놀이를 많이 하도록 한다.

아이들 중에는 병원놀이를 하다가 성기를 보자고 이야기를 하는 경우도 있다. 그럴 때 선생님은 병원놀이를 할 때, 속옷을 입는 부분은 보여주어서는 안 된다고 말해준다.

"눈과 귀 등 신체 모든 부위가 소중하고, 특히 피부가 여리고 민감한 부분은 더욱 소중해요. 눈이 간지러워도 손은 깨끗하지가 않아서 만지면 안 되는 거예요. 눈도 더러운 손으로 만지면 안 된다고 의사 선생님들께서 말씀하셨지요?"

선생님은 그럴 때마다 성기는 특별히 더 여리고 민감한 부위기 때문에 속옷을 입는다는 것, 그렇기 때문에 만지지 말고, 남의 것을 보려 하면 안 된다고 설명해준다.

하지만 아이들의 호기심은 끝이 없는 것도 사실이다. 그러나 그것이 잘못된 것, 틀린 것, 상담을 받아야 하는 것은 아니다. 건강하게 해결할 수 있는 방법도 충분히 많다.

EBS CLASS ⓔ 시리즈 10

유치원의 힘

1판 1쇄 발행 2020년 12월 30일
1판 4쇄 발행 2023년 12월 29일

지은이 김경란

펴낸이 김유열
편성센터장 김광호 ┃ **지식콘텐츠부장** 오정호
단행본출판팀 · 기획 장효순, 최재진, 서정희 ┃ **마케팅** 최은영 ┃ **북매니저** 박성근
클래스ⓔ 제작진 이규대, 이예리, 김양희, 오진예
책임편집 김수영 ┃ **디자인** 장현순 ┃ **일러스트** 송지현 ┃ **제작** 우진코니티
펴낸곳 한국교육방송공사(EBS)
출판신고 2001년 1월 8일 제2017-000193호
주소 경기도 고양시 일산동구 한류월드로 281
대표전화 1588-1580 ┃ **홈페이지** www.ebs.co.kr

ISBN 978-89-547-5612-9 04300
      978-89-547-5388-3 (세트)

ⓒ2020 김경란